Jeder Mensch kann zaubern, weiß Patricia Telesco. Wir müssen nur lernen, die Magie in uns zu entdecken und ihr zu vertrauen. Rühren Sie Ihren Morgenkaffee gegen den Uhrzeigersinn, dann bannen Sie die negativen Kräfte, und es wird ein guter Tag … Ein Stückchen Ingwer hilft dem Liebesleben auf die Sprünge. Patricia Telesco kennt die richtigen Rezepte und Sprüche, um sich den Beistand überirdischer Kräfte bei der Lösung irdischer Probleme zu sichern. Schließlich gibt es genügend unerklärliche Dinge zwischen Himmel und Erde. Die himmlischen Helferinnen, denen Patricia Telesco ihre Zauberlehrlinge anempfiehlt, sind Göttinnen verschiedenster Kulturen. Auch wenn die Autorin ihre Sache durchaus ernst nimmt, kommt der Humor nicht zu kurz, zum Beispiel wenn man sich versehentlich ver-zaubert hat und nach magischer Abhilfe sucht. Denn Zaubern soll nicht nur helfen, es soll auch Spaß machen!

Patricia Telesco ist kein altes Kräuterweiblein, obwohl sie von Kräuterheilkunde und vom Kochen genausoviel versteht wie von Magie. Zu diesen Themen hat sie bereits einige Bücher veröffentlicht, u. a. ›A Kitchen Witch's Cookbook‹ und ›Spinning Spells‹.

Patricia Telesco

Zauberbuch für wilde Mädchen

Aus dem Englischen von Henriette Zeltner

Deutscher Taschenbuch Verlag

August 1999
Deutscher Taschenbuch Verlag GmbH & Co. KG,
München
© 1998 Patricia Telesco
Titel der Originalausgabe:
Goddess in My Pocket
HarperSanFrancisco, 1998
ISBN 0-06-251550-0
© der deutschsprachigen Ausgabe:
1999 Deutscher Taschenbuch Verlag GmbH & Co. KG,
München
Umschlagkonzept: Balk & Brumshagen
Umschlagfoto: © CALL Agency, Bad Berleburg
Satz: Hartmut Czauderna, Gräfelfing
Gesetzt aus der 10/13˙ New Baskerville auf
Apple Macintosh, Quark XPress
Druck und Bindung: C. H. Beck'sche Buchdruckerei,
Nördlingen
Gedruckt auf säurefreiem, chlorfrei gebleichtem Papier
Printed in Germany · ISBN 3-423-20258-0

Für die Göttin
Durch Deine Tautropfen und Deinen Sternenglanz
habe ich das Wesen wahrer Magie gefunden,
die in meinem Herzen wächst.

Und für
Jeremy, Samantha und Karl, in Liebe.

Inhalt

Einführung

*Ein bißchen in der eigenen Tasche
ist besser als viel in der Börse
eines anderen Mannes.*

MIGUEL DE CERVANTES

*H*atten Sie auch schon mal das Gefühl, ein bißchen Hexerei in Ihrem Leben gebrauchen zu können? Um Ihr Liebesleben etwas auf Trab zu bringen oder den täglichen Streß zu mildern? Um das Chaos zu bewältigen oder Ihr Konto auszugleichen? Um Liebhaber anzulocken oder lästige Probleme fernzuhalten? Bedenken Sie bitte folgendes: Die Welt der modernen Magie steht uns allen zur Verfügung, wir haben die Göttin sozusagen in der Tasche. Wir müssen einfach nur lernen, in uns zu gehen und ihre heilige Energie zu erwecken.

Der Schlüssel dazu besteht darin, Spiritualität nicht länger für etwas zu halten, das nur zu Beerdigungen, Hochzeiten und religiösen Spinnern paßt. Unsere spirituelle Seite, die Göttin in uns, ist immer bei uns. Falls wir sie lassen, kann sie uns eine mächtige Verbündete werden, wenn es darum geht, für unser Leben Verantwortung zu übernehmen. Der Zweck dieses Buches ist, Ihnen die nötigen Mittel an die Hand zu geben, um diese Partnerschaft wiederzubeleben – mit der Magie der Göttin und mit Humor.

Sich an die Göttin zu wenden, wenn man die Lösung für ein Problem sucht oder neue Kraft braucht, ist nichts Neues. Das gibt es schon, seit die Menschheit sich zum ersten Mal auf den Glauben besonnen hat, um die Probleme des Lebens und seine Geheimnisse zu lösen. Eine reiche Ernte einzufahren, Schnupfen zu heilen und unglücklich Verliebte zu vereinen – unsere Vorfahren haben jedes Mittel – egal ob materiell oder mystisch – genutzt, um ihre Lebensqualität zu verbessern.

Auch wenn sich die Zeiten geändert haben, unser Bedarf an

göttlicher Hilfe ist sicher gleich geblieben. Zum Glück hat diese Zaubertradition überdauert, sie erinnert uns daran, daß ein göttlicher Faden unser Leben durchwirkt und es zusammenhält, selbst wenn die Umstände manchmal jede Faser zu zerreißen drohen. Und was noch besser ist: Dieser Faden ist nicht unzugänglich oder jenseits menschlicher Erkenntnis. Er befindet sich in jedem menschlichen Wesen und wartet nur darauf, wiederentdeckt zu werden.

Zweifeln Sie nicht! Jede von uns trägt einen Teil der Göttin in sich. Ja, Ihr auch, Mädels! Wenn Sie morgens zum ersten Mal in den Spiegel blicken, mag es schwer zu glauben sein oder schlichtweg absurd erscheinen, in sich irgendetwas Göttliches oder Mystisches zu entdecken. Im Verkehr steckenbleiben, Windeln wechseln, Finanzen jonglieren, nach Hause hetzen, um das Essen rechtzeitig auf den Tisch zu bringen – nichts davon gibt uns das Gefühl besonderer Göttlichkeit oder Erleuchtung. Doch selbst das Zähneputzen kann etwas Magisches haben, wenn wir es zulassen (denken Sie nur an den potentiellen Symbolgehalt eines Zauberspruchs, bei dem es darum geht, jemand auf den Zahn zu fühlen!). Das mag Ihnen zunächst weit hergeholt vorkommen, doch es ist gerade das Vertrautsein damit, das Ihre Zauberkraft verstärkt! Wenn Sie erst in der Lage sind, Symbolisches sofort zu erkennen, hilft das ungemein, ihre magische Energie willentlich zu steuern. Und unterschätzen Sie außerdem die Macht des Humors nicht! Spaß ist eine der unglaublichsten Zauberkräfte der Welt.

Die meisten Menschen können ein bißchen Unterstützung gebrauchen, wenn es darum geht, die Göttin in sich selbst zu entdecken und ihre Energie effektiv für alltägliche Verrichtungen zu aktivieren. Genau hier will dieses Buch helfen. Egal, ob Sie mit Hilfe des Übersinnlichen die Kontrolle über Ihr Leben zurückgewinnen oder Ihren Alltag nur mit ein bißchen magischem Glitter schmücken wollen – hier sind Sie richtig. Sie finden hier Dutzende von Amuletten, Talismanen und anderen machtvollen Zauberzutaten für den Alltag, die das Leben ein bißchen glücklicher, ein bißchen leichter und sehr viel lustiger machen.

Den Zauber in sich tragen

»W as – in mir?« Das ist die häufigste Reaktion, die ich bekomme, wenn ich Leuten erzähle, daß wahre Magie und der Funke der Göttin schon in jeder von uns liegen. Wir tragen ihn die ganze Zeit in uns. Er ist ein Teil von dem, was das Eigenartige und Einzigartige jedes Menschen ausmacht. Das bedeutet, daß die wichtigste Voraussetzung für einen wirksamen Zauber – an welchem Ort und zu welcher Zeit auch immer – nicht ein schicker Umhang oder schriller Kristallschmuck ist, sondern Sie selbst. Sobald Sie erkennen, daß die wahre Magie in Ihnen selbst liegt, wird es auch leichter sein zu lernen, wie man magische Kräfte fördert.

Die Suche nach Wegen, um Zauber wirken zu lassen, ist so alt wie die Menschheit. Diese Tradition wurde von Leuten begonnen, die sich, was den täglichen Bedarf anging, nicht auf den lokalen Supermarkt verlassen konnten. Wenn damals jemand Kopfschmerzen hatte, kaufte er oder sie sich kein Aspirin, sondern man rief die Macht der Göttin an, durch einen Zauberspruch, einen kraftvollen Zaubertrank oder ein Kraut, das man bei abnehmendem Mond gesammelt hatte – einer zu diesem Zeitpunkt gepflückten Pflanze traute man zu, auch den Schmerz abnehmen zu lassen. Wenige von uns haben heutzutage Zeit für stundenlange Rituale oder wortreiche Anrufungen, doch diese schlichte Magie, die seit Jahrhunderten funktioniert, können wir alle gut gebrauchen.

Zur Zauberei unserer Vorfahren gehörte häufig das Anfertigen von Amuletten, Talismanen und Glücksbringern, die allgemein die Kraft ihres Trägers vergrößerten oder ihn schützten. Eines dieser Symbole, die man bis heute benutzt, ist die Hasenpfote als Glücksbringer. Andere Beispiele althergebrachten Zaubers sind das Tragen bestimmter Farben und Düfte oder die Wiederholung bestimmter Handlungen, um die scheinbar sinnlosen Launen des Schicksals unter Kontrolle zu bringen. Und wenn Sie glauben, daß wir über so etwas doch schon längst hinaus sind, schauen Sie sich doch mal die modernen Formen der Farb- und Aromatherapie an oder denken Sie an die vielen Leute, die auf Holz klopfen oder die Finger kreuzen – nur für alle Fälle!

Da die Magie der Göttin in nächster Zeit wohl kaum verschwinden wird (sie ist eine sehr hartnäckige Dame), ist dieses Buch eine Art Anleitung für einen modernen übersinnlichen Erste-Hilfe-Kasten: Zaubersprüche formulieren, Zubehör auswählen, Minirituale inszenieren, um übersinnliche Energie in unser Leben zu bringen, egal, wo wir gerade sind. In diesem Kapitel werden Sie all diese Hilfsmittel und Methoden kennenlernen, so daß Sie sich jede Zauberprozedur nach Ihren Wünschen und Bedürfnissen maßschneidern können. Vergessen Sie beim Lesen nicht, daß der Zauber, von dem hier die Rede ist, in Ihrem Kopf und Ihrem Herzen beginnt – mit dem Glauben daran, daß Sie wirklich die Macht haben, Ihr Leben zu ändern.

Ich glaub', ich kann's, ich glaub', ich kann's!

Bevor Sie sich in irgendeinen Zauber vertiefen, müssen Sie sich von allem, was in Richtung Selbstzweifel geht, befreien, denn das wäre kontraproduktiv. Sätze wie »Ich kann nicht« oder »Ich bin mir nicht sicher« passen nicht zur Sprache der Göttin. Es ist eine Sache, unsere Grenzen zu erkennen, und eine ganz andere, sich durch überkommene Teenager-Ängste oder Erwachsenen-Unsicherheiten selbst Grenzen zu setzen. Zu viele von uns unterschätzen die Macht des menschlichen Geistes, wenn es darum geht, greifbare Veränderungen zu bewirken.

Damit Magie kein bloßes Wunschdenken bleibt, sondern wirklich wahr wird, müssen wir erkennen, daß es im Leben und in unseren eigenen Köpfen viel mehr gibt als die allgemein akzeptierten »Wahrheiten«. Zauberei ist Teil des Immateriellen, das in diesen wundersamen Augenblicken und kurzen Momenten der Einsicht offenbar wird, die sich Patentlösungen und vorgefertigten Erklärungen entziehen. Es ist längst nicht mehr üblich, in uns selbst mächtige Mitschöpfer unseres Schicksals zu sehen – gemeinsam mit einer höheren Macht. Wir sollten jedoch beginnen, wieder nach dieser Überzeugung zu handeln.

Erinnern Sie sich an das Bilderbuch von der kleinen Lokomotive, die alles schafft? Wenn Sie daran glauben, können auch Sie es schaffen! Eignen Sie sich wieder ein bißchen von diesem Kinderglauben an, und Sie werden den Zauber der Göttin wie einen Schatz in Ihrem Herzen verschlossen finden. Sie müssen nur noch das Schloß öffnen.

Eine Wundertüte

Nur weil Magie mit Kinderglauben beginnt, heißt das nicht, daß Erkenntnisse von Erwachsenen in der Metaphysik keinen Platz hätten. Bewußte, rationale Gedankenprozesse helfen bei der Planung von Magie – als erstes bei der Einschätzung der Ausgangssituation. Was ist los? Was genau möchte ich? Welche Art magischer Prozedur paßt am besten zu dem Ziel, das ich erreichen möchte – ohne die überaktive Phantasie meiner Nachbarn zu sehr anzuheizen? Welche Symbole kann ich verwenden, um das Ritual zu vervollständigen?

Es ist schwer, diese Fragen zu beantworten, ohne vorher genau zu wissen, was jeder Vorgang umfaßt. Hier hilft dieser Abschnitt:

Es folgen Beschreibungen der Objekte und Techniken, von denen in diesem Buch die Rede sein wird. Machen Sie sich mit ihnen vertraut, so daß Sie später genau wissen, welche Prozedur Sie anwenden wollen und wie Sie diese wirkungsvoll einsetzen, wenn Sie die Energie der Göttin aus der Wundertüte lassen.

AMULETT

Ein Amulett ist ein Schutz, also etwas, das man als Gegenmittel oder zum Fernhalten von Unheil trägt. Zahlreiche antike Amulette bestehen aus Steinen, Metallen, Fellen oder Pflanzen, auf die bestimmte Worte, Sätze oder Bilder geschrieben oder gemalt sind. Die Christophorus-Plakette ist ein gutes aktuelles Beispiel, denn Reisende benutzen sie heute noch zu ihrem Schutz. Ein anderes Beispiel ist die halbierte Münze. Zwei Liebende tragen jeweils eine Hälfte bei sich, als Schutz, während sie getrennt sind, und als Versicherung ihrer Treue.

Frühen Zauberkundigen zufolge funktionieren Amulette am besten, wenn man sie während einer günstigen Mondphase und Stunde, während eines günstigen Wochentags usw. anfertigt. Das kann für die arbeitende Bevölkerung unserer Tage zum Problem werden. Deshalb schlage ich Ihnen vor, Amulette herzustellen, wann immer Ihnen danach ist; beachten Sie das symbolische Timing, wenn Ihr Terminplan es zuläßt. Auch wenn der richtige Zeitpunkt eine zusätzliche Dimension Ihrer magischen Methoden ist und ich Ihnen in diesem Buch immer wieder Empfehlungen für optimale Termine geben werde, sollten Sie sich daran nicht gebunden fühlen. Viel wichtiger als die Frage, wann Sie ein Amulett machen, ist die Tatsache, daß Sie es überhaupt tun.

AUFLADEN

Aufladen ist eine Möglichkeit, das latente Zauberpotential irgendeines Gegenstands für einen bestimmten Zweck zu aktivieren – und Sie brauchen dafür keine Visa- oder EuroCard! Dieses Verfahren ist mit dem Anlassen eines Autos durch ein Starthilfekabel vergleichbar. Sie legen das Objekt ins Mond- oder Sonnenlicht, ins Wasser oder in guten Boden, um die Energie des jeweiligen Mediums einzufangen. Mondlicht ist gut geeignet für eine magische Rückbesinnung auf die natürliche Intuition, während Sonnenlicht Bewußtsein und Aktivität stärkt. Wasser wirkt beruhigend, erfrischend und heilend; die Erde sorgt für Bodenständigkeit und verstärkt das Wachstum. Auch wenn es noch einige andere Methoden gibt, um Gegenstände magisch aufzuladen, sind diese vier ziemlich universell für jeden Zauberspruch, jedes Amulett, jeden Talisman oder Fetisch, den Sie sich ausdenken, einsetzbar.

ZAUBER

Ein Zauber kann zweierlei sein: erstens ein machtvolles Wort oder Symbol, das eine magische Reaktion auslöst (oft in Liebesdingen), häufig handelt es sich auch um ein Lied oder einen Vers. Traditionellen Zauber zu modernisieren ist ganz einfach. Die meisten Leute begreifen die Macht der Worte. Wir müssen also einfach nur lernen, dem Gesagten auch noch besondere magische Kraft zu verleihen. Denken Sie an die Wirkung zorniger Worte auf einen Zuhörer. Sie kommt von der tatsächlichen *Energie*, die dahinter steckt. Bei Zaubersprüchen sollten Sie sich an diese Art von Kraft erinnern, allerdings im positiven Sinne.

Ein Zauber kann aber auch eine Art Amulett sein. So ein Objekt trägt man am Körper, um das Glück anzuziehen und Schaden abzuwenden. Haben Sie sich jemals gefragt, was all die kleinen Dinge an einem Glücksarmband bedeuten? Jetzt wissen Sie es: Ein kleines Herz steht zum Beispiel für Liebe, ein Anker für Sicherheit, Babyschühchen für Fruchtbarkeit, und ein Kleeblatt soll Glück bringen.

Meiner Ansicht nach sollte man am besten die beiden Arten von Zauber kombinieren: Beginnen Sie mit einem Symbol Ihres Wunsches, dann laden Sie dieses Objekt mit magischer Energie, indem Sie Worte und Sätze, Melodien und Beschwörungsformeln verwenden.

FETISCH

Im Gegensatz zu den Obsessionen oder Fixierungen, die wir normalerweise mit dem Begriff verbinden, haben magische Fetische nichts mit Sex zu tun, wenn sie nicht extra dafür gemacht sind. Ihr Name kommt vom lateinischen *facere* (dt. »machen«). Ein Fetisch kann ein beliebiges natürliches oder speziell angefertigtes Objekt sein, das eine starke emotionale Reaktion auslöst, insbesondere das Gefühl, daß das Objekt für eine höhere Macht steht oder sie selbst besitzt.

Wenn zum Beispiel beim Autofahren die Polizei Sie rechts ranfahren läßt und Ihnen eine Dienstmarke zeigt, ist die natürliche Reaktion, daß Sie sich fragen, was Sie falsch gemacht haben. Die Dienstmarke steht für eine Autorität oder Macht, die eine sofortige emotionale Reaktion auslöst. Im Zusammenhang mit Zauberei könnte das eine geschnitzte Figur der Göttin oder irgendein anderes bedeutungsvolles Objekt sein, das in Ritualen verwendet wird oder beim Sprechen eines Zauberspruchs als Fokus dient, um göttliche Energie zu konzentrieren.

ZAUBERSPRUCH

Ein Zauberspruch ist eine im Geiste oder tatsächlich formulierte magische Formel, mit der Sie der Göttin Ihren Wunsch beschreiben. Zaubersprüche fokussieren die Energie eines Zauberworts oder Rituals, und manchmal rufen Sie damit Geister oder die Göttin zu Hilfe.

Laut ausgesprochen kommt die Energie unserer Absichten durch Töne und Schwingungen zum Ausdruck. Wenn die Umstände das jedoch nicht erlauben, spricht nichts dagegen, die Worte eines Zauberspruchs nur im Geiste zu rezitieren. Sehen wir den Tatsachen ins Auge – die meisten von uns können nicht im Büro oder im Wohnzimmer ihrer Oma anfangen, Zaubersprüche aufzusagen!

In historischen Quellen findet man viele gereimte Zaubersprüche. Die Reime halfen damals den Menschen, die nicht lesen und schreiben konnten, sich einen Spruch zu merken. Reime sind aber keine Voraussetzung, damit ein Spruch funktioniert. Wenn Sie sich Ihre eigenen Sprüche ausdenken, brauchen Sie sich also nicht zu sorgen, wenn keine Goetheschen Verse oder auch nur einfache Reime daraus werden! Das Wichtigste an einem Zauberspruch ist, daß er Ihnen hilft, sich auf die Magie zu konzentrieren, daß er eine spezielle Bedeutung hat und daß er die Energie auf Ihr Ziel lenkt.

VERINNERLICHUNG

Die Energie eines Zauberspruchs zu verinnerlichen bedeutet, ihn zum Bestandteil Ihres täglichen Lebens und Handelns zu machen. Wenn Sie einen Liebszauber veranstalten, beginnen Sie damit, sich selbst zu lieben; wenn es um einen Freudenzauber geht, dann widmen Sie sich Dingen, die für gute Stimmung sorgen, lustigen Filmen zum Beispiel.

Meine Lieblingsmethode, um jeden beliebigen Zauber zu verinnerlichen, ist die Schaffung von eßbaren Utensilien. Denn auch in der Magie gilt: Man ist, was man ißt! Als militanter Küchenhexe ist mir jeder Grund gut genug, um unwiderstehliche Zaubermenüs zu kochen. Das macht Spaß, schmeckt gut und ist nahrhaft!

BESCHWÖRUNG

Eine Beschwörung oder Anrufung bedeutet, jemanden um Hilfe zu bitten, in diesem Fall die Göttin in Form eines Gebets. Lassen Sie sich von der Vorstellung eines Gebets nicht abschrecken. Damit ist nichts anderes gemeint als die tiefempfundene Bitte, die Sie ihr vortragen. Denken Sie also nicht an die Bibel oder bestimmte Phrasen, sondern reden Sie einfach mit der Göttin. Ihr geht es weniger darum, *was* Sie sagen, als darum, *weshalb* Sie es sagen. Benutzen Sie Umgangssprache, singen Sie, oder suchen Sie sich irgendeine andere Form der Kommunikation aus, die Ihnen am meisten liegt.

MEDITATION UND VISUALISIERUNG

Meditation und Visualisierung bilden in der Magie meist ein Paar. Meditation ist eine Methode, um gründlich über etwas nachzudenken, es in Ihrem Kopf hin und her zu wälzen und aus allen nur denkbaren Blickwinkeln zu betrachten. Die Visualisierung fügt diesem Prozeß noch eine zweite Dimension hinzu. Beim Visualisieren stellt man sich alle Umstände eines bestimmten Ereignisses vor, so daß eine Art Film im Kopf abläuft. Aus dieser Perspektive erlangen viele Leute die nötige emotionale Distanz und verstehen deshalb sehr viel besser, was tatsächlich vor sich geht.

In diesem Buch sollen Meditation und Visualisierung die Energie eines Zauberspruches lenken. Stellen Sie sich das so vor, als würden Sie einen spirituellen Bogen anlegen und in Gedanken ein Ziel anvisieren. Magie funktioniert durch Willenskraft; Meditation und Visualisierung sind wie die Feinabstimmung dieses Willens, sie helfen beim genauen Zielen und beim Entfesseln der Energie, damit Sie Ihr Ziel erreichen.

BANN

In der Magie verwendet man einen Bann, um die Lebensenergie, die ständig um uns herum ist, zu steuern oder zu verändern und sie dann zu aktivieren, damit man ein bestimmtes Ziel erreicht. Die meisten Bannsprüche bestehen aus einem schriftlichen oder mündlichen Vers (oder einem Gebet), der den Zauber erzeugt und steuert. Falls Schreiben oder Singen nicht möglich sind, genügt es auch, sich einfach genau auf den Zweck des Spruches zu konzentrieren. Anders als in Shakespeares ›Macbeth‹ finden Sie in diesem Buch keine Froschzunge oder ein Molchauge als Zutaten eines Bannes. Die Magie für die Hosentasche bedient sich der Ingredienzien, die Sie mehr oder weniger in Ihrer Umgebung, im Supermarkt, im Kaufhaus oder in einem New-Age-Laden finden. Warum? Weil die Benutzung ungewohnter Zutaten den magischen Energiefluß behindert. Je mehr jede einzelne Komponente Ihnen vertraut ist, desto besser funktioniert es!

TALISMAN

Wie ein Zauber oder ein Amulett schützt ein Talisman den, der ihn trägt, vor Unheil. Ein Talisman ist eine Figur, die unter günstigen astrologischen Bedingungen hergestellt wird, um sie für einen bestimmten Zweck energetisch aufzuladen. Oft ist eine solche Figur aus glattem Metall oder Stein gemacht, um ihre Kraft zu verstärken.

Da das die Herstellung relativ schwierig macht, wenn Sie nicht gerade Goldschmiedin oder Steinmetz sind, bestehen viele der Talismane in diesem Buch aus Symbolen, die auf Papier oder Stoff gemalt oder geschrieben werden.

Im Verlauf des Buches stelle ich Ihnen eine Menge Talismane für zahlreiche Wünsche und Ziele vor und sage Ihnen auch, wie man diese herstellt. Trotzdem möchte ich Ihnen sehr empfehlen, Ihre eigene Phantasie und Kreativität spielen zu lassen, wenn es um die Erzeugung magischer Glücksbringer geht. Mit der Zeit werden Sie sicher feststellen, daß Sie intuitiv sehr viel mehr über die göttliche Magie wissen, als Sie bisher angenommen hatten. Leeren Sie also Ihre Taschen aus, um zu sehen, welche Wunder darin stecken!

Alles zusammenfügen

Sobald Sie entschieden haben, welches Objekt oder welche Technik Ihrem magischen Ziel am ehesten entspricht, können Sie damit beginnen, die Ingredienzien auszuwählen und zusammenzutragen. Stellen Sie sich vor, sie würden einen mystischen Salat zubereiten. Sie nehmen dazu verschiedene Elemente, die Sie miteinander »verrühren«, bis eine befriedigende und machtvolle Mischung entstanden ist, die Sie mit göttlicher Magie als einer Art Dressing anrichten.

Die potentiellen Zutaten für die Hosentaschen-Magie sind schier unbegrenzt. Doch wenn es Ihnen an Ideen mangelt, schlagen Sie jeweils unter der Rubrik »Weitere Zaubertips« nach. Zusammen mit den Vorschlägen für Zaubersprüche und Rituale wird Sie das sicher ausreichend inspirieren, wenn Sie auf der Suche nach Zutaten für Ihre ganz persönliche Magie sind.

AROMAÖLE, KRÄUTER, BLUMEN UND BÄUME

Es gibt auf diesem Planeten, wenn überhaupt, nur ganz wenige Dinge, die nicht schon mindestens einmal zu magischen Zwecken verwendet wurden. Unsere Ahnen glaubten, daß die Natur als Spiegel der Göttin fungiere – daß sie ihr Spiegelbild und ihre Macht in der Welt und in sich selbst erkennen würden, wenn sie nur genau genug hinsahen. Dem stimme ich aus ganzem Herzen zu. Die Natur liefert uns die unterschiedlichsten Werkzeuge, die man sich nur wünschen kann. In der Magie für die Hosentasche verbessern Aromaöle unseren Geisteszustand und unsere Konzentration, indem sie unser Bewußtsein mit ihren Düften sanft anregen. Pflanzenteile können Zutaten für Zaubersprüche, Amulette, Fetische oder Zauberstäbe werden, die Ihre Energie lenken, oder sie können sogar als Medium fungieren. Mit anderen Worten: Natur und Magie gehören zusammen wie Brot und Butter. Achten Sie nur darauf, daß die symbolische Bedeutung eines Objekts mit Ihren Zielen übereinstimmt. Sie wollen schließlich keine Pflanze, die man gemeinhin mit einem Bann assoziiert, für einen Liebeszauber verwenden!

Der Symbolgehalt, den Sie mit einem Aromastoff, einer Blume, einem Gewürz oder Baum verbinden, kann entweder aus der Überlieferung traditioneller Hexenliteratur oder Ihrer eigenen Erfahrung stammen. Ich glaube, daß letztere sogar vorzuziehen ist, doch manche Menschen fühlen sich einfach sicherer, wenn sie sich auf eine »Expertenmeinung« stützen. Orientieren Sie sich auch hier daran, was Ihnen sympathischer ist.

FARBMAGIE

Die Psychologie hat nachgewiesen, daß Farben den Menschen enorm beeinflussen. Im Zauberprogramm für den Hausgebrauch symbolisieren Farben bestimmte Intentionen. Auf metaphysischer und mentaler Ebene sind Farben ein Anhaltspunkt für unser Unterbewußtsein, unseren Willen und unser spirituelles Bewußtsein, das uns mit den höheren Mächten verbindet und mit ihnen kommuniziert; sie verstärken und fokussieren unsere Energie ganz gezielt.

Es ist nicht nötig, symbolische Farben für diese Form der Magie zu verwenden, aber es ist hilfreich und wunderbar diskret. Während Sie zum Beispiel schlecht ein Fetisch-Beutelchen gegen Streß im Büro tragen können, ist eine Bluse, in einem Blau, das für Frieden und Ruhe sorgt, problemlos tragbar. In diesem Fall machen Kleider wirklich Leute!

Wenn Sie eine Farbe auswählen, überlegen Sie sich, welche Gefühle sie bei Ihnen auslöst und welche Begriffe Ihnen sofort einfallen, wenn Sie sie sehen. Rot steht normalerweise für Energie, Stärke und Vitalität, Blau für Ruhe und Sorgenfreiheit; Orange für Ernte und Freundschaft, Gelb für Kreativität und andere geistige Fähigkeiten, Weiß für Schutz und Reinheit, Grün für Wachstum und Heilung und Purpur für Spiritualität und Autorität.

KRISTALLE, STEINE UND MINERALIEN

Sie finden heutzutage in fast jedem Kaufhaus Kristallanhänger, Buchstützen aus Geoden oder ähnliches. Die Begeisterung für Steine aller Art beschränkt sich sicher nicht auf das gegenwärtige Jahrzehnt – denken Sie nur an die Steinsammlungen der siebziger Jahre oder die »Sprache der Steine« aus den siebziger Jahren des letzten Jahrhunderts! Ganz egal, welche Epoche – die Menschen lieben diesen Nippes. In der Magie erfüllen diese kleinen Steinchen weniger dekorative als funktionale Zwecke.

Kristalle besitzen die natürliche Fähigkeit, Energie zu speichern (Quarz ist das Paradebeispiel dafür). Daher kann man sie für Bann- und Zaubersprüche, Amulette, Talismane und Fetische genauso vielseitig einsetzen wie andere natürliche Objekte. Es gibt viele verschiedene Steine, Muscheln, Metalle und Mineralien, mit jeweils eigener magischer Entsprechung; Farbe und Form legen schon vorab einen gewissen Symbolgehalt fest. Ein roter Stein, der ungefähr die Form eines Herzens besitzt, wäre ein exzellenter Glücksbringer für eine bessere Beziehung, während zum Beispiel eine blaugefärbte Muschel aus dem Meer Ihnen helfen könnte, ein schwieriges Problem zu »umschiffen« oder sich auch mal »treiben zu lassen«.

ESSEN UND TRINKEN

Speisen und Getränke können auf einer Art Altar der Göttin geopfert werden. Da die Zutaten ohnehin oft magische Assoziationen wecken, überrascht es kaum, daß moderne Hexen oft einen Liebestrank brauen, einen Finanzsalat zusammenmischen oder ein Sparsamkeitsbrot backen. Der einzige Unterschied zwischen diesen Dingen und dem Essen, das Sie zum Beispiel für die Familie kochen, liegt in der Zubereitung und der Bedeutung, die es für Sie hat, diese zu verzehren.

Abgesehen vom Verinnerlichen bestimmter Arten magischer Energie durch die Nahrungsaufnahme, können verzauberte Speisen und Getränke in vielerlei Hinsicht zu tragbaren Formen der Magie werden. Trocknen, einkochen oder tiefkühlen – heben Sie etwas davon auf und genießen Sie den Zauber später, wenn Sie ihn gerade brauchen. Oder packen Sie den ganzen Zauber für ein stärkendes Picknick oder Mittagessen im Büro ein.

SYMBOLE

Vom magischen Standpunkt aus betrachtet, ist ein Symbol nicht weniger machtvoll als das, was es repräsentiert. Da Sie einige davon sichtbar tragen oder mit sich führen werden, ist es Ihnen sicher ein Anliegen, Symbole zu wählen, die persönlich so bedeutungsvoll und für Ihre Umgebung so angenehm wie möglich sind.

Wenn ein Symbol Sie sofort an Ihr Ziel oder Ihren Wunsch erinnert, ist es gut gewählt, egal, ob es sich dabei um ein traditionell magisches Objekt handelt oder nicht. Zum Beispiel denken wir bei einem roten Kreuz wegen der Organisation, für die es steht, oft an das Wohl der Menschen. Ein rotes Kreuz könnte also Teil eines im Kreuzstich bestickten Talismans sein, bei dem jeder Stich Energie bindet. Oder noch einfacher: Wenn Sie sich nicht wohl fühlen, malen Sie mit rotem Nagellack oder Lippenstift ein Kreuz auf die betroffene Körperstelle und entfernen Sie es dann wieder, um die Beschwerde symbolisch fortzunehmen.

TIMING

So wie manche Menschen die Natur als Abbild der göttlichen Macht verehren, betrachten sie auch den Himmel als Symbol dieser göttlichen Eigenschaft. Verschiedene Sternzeichen, jede Mondphase, jeder Wochentag und jede Stunde des Tages können eine magische Prozedur zum Guten oder Schlechten beeinflussen, je nachdem, wofür sie stehen. So gilt beispielsweise ein abnehmender Mond als günstiger Zeitpunkt, um Zauberdinge herzustellen, die Schlechtes bannen sollen; weil die negative Energie damit abnimmt wie der Mond selbst. Umgekehrt kann ein Zauber bei zunehmendem Mond oder Vollmond Wachstum und Reife bringen.

Da heute jeder dauernd im Streß ist, kann man sich kaum an präzise zeitliche Empfehlungen halten. Wenn Ihr Terminplan es zuläßt und die Umstände nicht allzu dringend sind, schlage ich Ihnen vor, einen guten astrologischen Kalender zu Rate zu ziehen, wenn es um das Timing Ihrer magischen Aktivitäten geht. Im übrigen lassen Sie sich von Ihrer inneren Stimme und Ihrem Gefühl leiten.

VERSCHIEDENES

Darunter verstehe ich all die Wunder der Technik und interessanten Errungenschaften, die sich unsere Vorfahren nicht einmal hätten vorstellen können. Nehmen wir zum Beispiel die Büroklammer. Bei den alten Ägyptern finden wir sie nicht als magisches Symbol. Aber wenn die Büroklammer damals schon erfunden gewesen wäre, hätte – darauf können Sie wetten – ein kreativer Magier sie auch als Symbol von Verbindung und Zusammenhalt verwendet!

Das ist ein Gebiet, auf dem Ihre Zauberei wirklich originell werden kann. Benutzen Sie zum Beispiel Büroklammern in einem Zauberbeutel, um eine Beziehung stabil zu halten oder kleben Sie zwei Teile eines Herzens als Zeichen der Treue mit Klebstoff zusammen. Ihrer Phantasie sind auf diesem Gebiet keine Grenzen gesetzt!

DIE GÖTTIN

Als magische Patronin dieses Buches ist die Göttin für alles, was wir zu erreichen hoffen, von essentieller Bedeutung. In jedem der folgenden Kapitel nenne ich die Namen von Göttinnen aus aller Welt und erläutere deren jeweilige Attribute in einem magischen Kontext. Warum? Weil die Göttin die kreative Lebenskraft des Universums repräsentiert – die wiederum verleiht der Magie Kraft und Ziel.

Als »verlorenen Kindern« dieser kreativen Macht fällt es uns auch zunehmend leichter, zu erkennen, daß wir ihre Kraft in uns tragen, wenn wir in verstärktem Maß nach außen hin mit ihr in Verbindung treten. Es ist nur ein kleiner Schritt von dieser überraschenden Umsetzung, um zu sehen, daß unser Leben sich auf scheinbar wunderbare Weise verwandelt. Das Erstaunen, das wir dabei empfinden, rührt nicht vom fehlenden Glauben an den Zauber der Göttin oder an unsere eigenen Fähigkeiten her. Es ist ganz natürlich, Ehrfurcht zu verspüren, wenn alles »klappt« – Ehrfurcht vor dem göttlichen Funken in uns und Ehrfurcht vor der Magie, die entsteht, wenn der menschliche und der göttliche Faktor harmonisch zusammenwirken.

Abgesehen von all diesen Elementen brauchen Sie noch praktischen Verstand und eine eigene Vision. Wenn Sie eine andere Vorstellung von der Göttin haben, die Sie anrufen wollen, andere Zutaten verwenden möchten oder einen anderen Zugang, der zu demselben zauberhaften Ergebnis führt – nur zu! Oder wie das Sprichwort sagt: »Repariere nichts, was nicht kaputt ist.« Tun Sie einfach, was Ihnen richtig erscheint und bei Ihnen funktioniert.

Das Zauber-Set für die Hosentasche

Zu Beginn dieses Kapitels habe ich dazu geraten, sich eine Art Zauberkasten zusammenzustellen. Da wir heute in einer sehr mobilen Gesellschaft leben, ist es gut, eine kleine tragbare Box mit diversen Zutaten Ihrer Wahl zu haben. Sehen Sie sich also beim nächsten Einkaufsbummel oder auf dem Flohmarkt mal nach einem Köfferchen, einem Beauty-Case, einem Werkzeugkasten oder einem anderen Behälter mit Fächern um. Füllen Sie das gute Stück mit allerlei Kleinigkeiten, die Sie beim Zaubern gerne verwenden, und nehmen Sie es im Auto, ins Büro oder auf Reisen mit. So können Sie, wenn die Umstände Ihnen die passenden Utensilien für Ihren Zauber nicht zur Verfügung stellen, alles, was Sie brauchen, ohne großen Aufwand »aus der Tasche ziehen«.

Tips und Tricks

Nachdem ich seit über einem Jahrzehnt zaubere, habe ich einige Einsichten gewonnen, die auch Ihren magischen Anstrengungen mehr Erfolg und Erfüllung bescheren werden. Fangen wir damit an, was Sie nicht tun sollten:

Versuchen Sie nicht zu zaubern, wenn Sie sich mies fühlen, wütend oder müde sind.

Versuchen Sie nicht, den freien Willen eines anderen zu manipulieren. Egal, wie groß die Versuchung ist – das Ergebnis wäre nicht von Dauer und würde Sie nicht glücklich machen.

Unternehmen Sie keine magischen Anstrengungen, um etwas zu erreichen, für das Sie sich nicht täglich in Worten und Taten einsetzen wollen (mit anderen Worten: wenn schon, denn schon).

Und schließlich: Erwarten Sie nicht, daß die Magie sich genau in der Form niederschlägt, wie Sie es sich vorgestellt haben. Das Universum hat einen hinterlistigen Sinn für Humor und einen ganz anderen Standpunkt, wenn es darum geht, was gut für uns ist – das können Sie mir glauben.

Dann macht es plötzlich ⚡, und da ist der Zauber!

Tun Sie alles, was in Ihrer irdischen Macht steht, um Ihre magischen Ziele zu erreichen.

Betrachten Sie Zauberei als individuelle Angelegenheit, und beginnen Sie damit, indem Sie persönliche Gegenstände als Utensilien nutzen.

Wiederholen Sie magische Prozeduren, wann immer Sie den Wunsch verspüren, Ihrem Leben neuen Schwung zu geben und jede beliebige Zauberei, die gerade »in Arbeit« ist, zu verstärken.

Und zu guter Letzt: Glauben Sie an sich selbst und an Ihre Fähigkeit, mit der Göttin Verbindung aufzunehmen.

Magie zu Hause

Ohne Herzen gibt es kein Zuhause.
LORD BYRON

*E*gal ob Bruchbude, Hotel oder Hausboot – *My Home is my Castle*, dieses Motto sollte in jedem Fall gelten. Wenn nicht, dann ist ein kleiner magischer Wohnungsputz angeraten. Von all den Orten, an denen die Göttin sich zeigt, ist Ihr Zuhause einer, wo sie – ohne den Einsatz von Möbelpolitur – wirklich glänzen kann. Jeder Teil Ihrer Wohnung besitzt magisches Potential. Wie es mit dem Wohnzimmer aussieht, möchten Sie wissen? Benutzen Sie den Fernsehbildschirm als Kristallkugel (natürlich erst, nachdem Sie den Apparat ausgeschaltet haben!). Und unter die Teppiche können Sie im übertragenen Sinne jede Menge Probleme kehren.

Einer der Lieblings-Zauber-Scherze in meinem Zuhause ist der mit der heißen Badewanne. Wenn Leute zum ersten Mal kommen, um Trish, die Hexe, zu treffen, lassen wir oft als Zeichen der Gastlichkeit ein heißes Bad ein. Nach einer kurzen Weile, wenn alle entspannt sind, komme ich mit einer Handvoll verschiedener Gemüse, einem Kochlöffel und einem listigen Grinsen! Das gibt dem Geblubber im Bad eine ganz neue Bedeutung, oder? Der Punkt ist, daß die Wanne mein Hexenkessel sein könnte, wenn ich das wollte, genauso wie viele Dinge in Ihrem Zuhause im Glanz der Göttin erstrahlen können, wenn Sie es ihnen gestatten.

Zauberei in der Küche

Jedes Zuhause ist heimeliger, gemütlicher und harmonischer, wenn es magischen Schutz genießt, der jegliche Negativität in

Schach hält. Wenn Sie Ihre Wohnung vor Unheil schützen wollen, ist es sinnvoll, Dinge zu verwenden, die sich bereits dort befinden. Auf diese Weise fallen Freunden und Familienangehörigen, die von Magie nichts halten, die kleinen Veränderungen gar nicht auf.

Die griechische Göttin Hera ist eine gute Beschützerin für die Küche. Sie ist die geborene Kämpferin und trägt eine Sichel bei sich, mit der sie Heim und Familie verteidigt. Sie ist außerdem die Göttin der Stabilität und Sicherheit, zwei Dinge, die einem bei dem Wort »Zuhause« sofort einfallen.

PERLEN DER WEISHEIT
(ZWIEBELN, GENAUER GESAGT)

In der Volksheilkunde werden Zwiebeln benutzt, um Infektionen zu heilen. Der folgende Glücksbringer nutzt diesen Symbolwert, um andere Probleme »zu heilen«. Nehmen Sie eine Handvoll Perlzwiebeln (mit Schale) und fädeln Sie sie auf einen Baumwollfaden auf. Lassen Sie sie trocknen und drehen Sie sie dabei gelegentlich um, damit sie nicht zu faulen beginnen. Jedesmal, wenn Sie die Zwiebeln wenden, wiederholen Sie einen Zauberspruch wie etwa: »*Wenn ich rede, soll der Zauber beginnen. Was ich befehle, stecke darinnen.*« Wenn die Zwiebeln völlig trocken sind, hängen Sie sie in einem kleinen Beutel in die Nähe Ihres Herdes.

Benutzen Sie den Fetisch, wenn es jemand auf Sie abgesehen hat oder Ihr Zuhause von Spannungen erfüllt ist. Um den Zauber zu aktivieren, nehmen Sie eine Zwiebel heraus. Benennen Sie sie nach dem Problem, das Sie haben, und konzentrieren Sie sich absolut auf diese bestimmte Situation. Um die Negativität zu zerstreuen, verbrennen Sie die Zwiebel entweder in Ihrem Kamin oder werfen Sie sie in den Müll.

Sie können auch eine der Zwiebeln mitnehmen, wenn Sie das Haus verlassen, als Glücksbringer, der Gehässigkeit, Zorn und Uneinigkeit absorbiert.

Mehr Würze

Wollen Sie dem Ausdruck »Würze des Lebens« eine neue Bedeutung verleihen? Dann brauchen Sie nicht weiter als bis zu Ihrem Gewürzbord zu gehen. Nehmen Sie sich ein Beispiel an der Geschichte: Jahrhundertelang haben die Menschen gewöhnliche Haushaltsgewürze für fast alles verwendet, auch zum Zaubern.

Um Ihrem Zuhause Schutz zu geben, mischen Sie ein bißchen abgeriebene Zitronenschale (für Sauberkeit), Ingwerpulver (für Energie), Oregano (für die Liebe) und Rosmarin (für Schutz) mit einer Tasse Natriumbikarbonat. Diese Mischung läßt sich auf vielfältige Weise verwenden: Verstreuen Sie sie gegen den Uhrzeigersinn in Ihren Wohnräumen, um Negativität zu vertreiben oder ins Gegenteil zu verwandeln, kehren Sie sie dann im Uhrzeigersinn auf, um positive Energie anzuziehen; geben Sie etwas davon zur regelmäßigen magischen Instandhaltung ins Waschwasser; eingenäht in das Kissen Ihrer Katze oder Ihres Hundes, hält es das Tier gesund. Ein zusätzlicher Nutzen ist hier noch die desodorierende Wirkung!

Um diese Macht auch mitnehmen zu können, streuen Sie einfach ein wenig davon in Ihre Schuhe und genießen Schutz auf all Ihren Wegen!

Ein gesalzener Zauber

Alter Volksglaube besagt, daß eine Prise Salz unter dem Stuhl eines unwilkommenen Gastes selbigen zum schnellen Aufbruch treibt. Mit einer Prise Salz auf Ihrer Türschwelle möchten Sie vielleicht Leute fernhalten, die Ihnen an der Haustür etwas verkaufen wollen. Als Hosentaschenzauber trägt man am besten immer etwas Salz bei sich, um aggressive Bettler und religiöse Fanatiker auf Abstand zu halten.

Machen Sie klar Schiff

Normale Haushaltsgegenstände wie zum Beispiel Besen wurden von unseren Vorfahren auch für spirituelle Reinigung und Schutz verwendet. Die moderne Hexe benutzt vielleicht eher einen Staubsauger (hey, der hat mehr Power!). Kehren oder saugen Sie Negativität und Krankheit einfach vom Zentrum Ihrer Wohnung aus weg, und bewegen Sie sich dann von außen nach innen, um positive Energie hereinzubringen.

Und für unterwegs? Lassen Sie sich von der Borste eines Besens beschützen.

VIERFACHER SCHUTZ AUS ALLEN HIMMELS-RICHTUNGEN

In diesen Schutz zu investieren, zahlt sich aus. Die vier Himmelsrichtungen spielen in der Magie eine wichtige Rolle. Viele Zauberinnen legen an diesen vier Punkten in ihren Wohnräumen Münzen aus, um ihr Zuhause zu schützen und göttliche Energie anzuziehen. Für diesen Zauber benötigen Sie fünf gleiche Münzen (am besten aus dem Jahr Ihrer Geburt). Nehmen Sie sie in die Hand und visualisieren Sie, daß sie mit strahlend weißem Licht gefüllt sind. Wiederholen Sie den folgenden Satz siebenmal (Sieben ist die Zahl der Erfüllung):

Erde und Luft, Feuer und Meer,
kommt und entfacht den Zauber in mir.
Ost und West, Nord und Süd,
Heras Macht dieses Haus behüt'.

Fahren Sie mit der Visualisierung fort, bis die Münzen in Ihrer Hand sich heiß anfühlen. Legen Sie vier davon an sichere Orte in Ihrer Wohnung, die möglichst genau den vier Himmelsrichtungen entsprechen. Tragen Sie die fünfte Münze als Glücksbringer und ein kleines Stück Zuhause bei sich. Im Fall der Fälle können Sie damit nach Hause telefonieren.

 *Weitere Zaubertips*

Als Schutz und zum Zeichen »reinster« Absichten, verwenden Sie weiße Servietten, Tischdecken oder Sets. Um bösen Zauber fernzuhalten, hängen Sie Eisen- oder Kupferpfannen an die Wand, um Sicherheit durchs Haus zu »leiten«. Um Negativität wegzuwaschen, sollten Sie einen Bimsstein an Ihre Spüle legen. Alle scharfen, würzigen Kräuter, Nahrungsmittel oder Getränke, wie Knoblauch, Zwiebeln, Nelken, Rettich und Rum, schützen und reinigen Ihren Geist von innen.

Wenn Sie Sorgen vertreiben möchten, empfiehlt sich abnehmender Mond oder Neumond und der Sonntag (der Sonnen-Tag soll alle Schatten ausleuchten). Der Januar liefert Abwehrkraft, der Mond im Widder Mut, in den Fischen Ausdauer. Umgekehrt sollten Sie bei zunehmendem Mond oder Vollmond aktiv werden, wenn Sie positive Energie durch Ihren Zauber gewinnen wollen. Donnerstage vergrößern die Kraft. Und der März eignet sich besonders zur Überwindung von Problemen. Der Mond in der Waage sorgt für Harmonie.

Küchenhexen

Küchenhexen sind nicht nur jene kleinen, auf Besen reitende Puppen, die man in den Küchen mancher Leute findet. Es sind echte Menschen, die es genießen, mit fast allem, was sie rund um ihren Herd finden, Magie zu erzeugen. Nichts ist sicher vor den Augen einer kreativen Küchenhexe – von Küchengeräten und Lebensmitteln bis zu Hundefutter und Topflappen! Dieses Kapitel wird dem Begriff »etwas anrühren« in Ihrer Küche eine ganz neue Bedeutung geben.

Wenden wir uns zu Inspirationszwecken wieder den Griechen zu, genauer gesagt Hestia, der Göttin des Herdfeuers, das das Herz jeder Wohnung bildet. Hestia hält diese Feuer in Gang, sie steht auch für Pflicht, Mäßigung, Besonnenheit und Geduld – vier Eigenschaften, die jedem Zuhause nur nützen können.

Kein Drumrumreden mehr

Haben Sie genug davon, daß Leute wie die Katze um den heißen Brei herumschleichen, statt auf den Punkt zu kommen? Da kann dieser Zauber helfen. Nehmen Sie sich eine Papiertüte und zeichnen Sie ein Bild darauf, das für Ihre gegenwärtige Situation steht. Falten Sie es dreimal nach innen und schneiden Sie das Bild dann mit einer Schere in neun Teile. Dabei murmeln Sie folgenden Spruch:

Wahr gesprochen mit mutigen Worten,
so wirke der Zauber an all meinen Orten.

Von den neun Schnipseln heben Sie einen auf und verbrennen oder vergraben die übrigen acht. Tragen Sie dieses Stückchen Papier bei sich, oder bewahren Sie es an einem gut sichtbaren Ort als Zeichen Ihrer Entschlossenheit auf. Wenn der Zauber gewirkt hat, verbrennen Sie auch den letzten Schnipsel und sprechen dabei Ihren Dank aus.

Ab in die Dose!

Müssen Sie ein lästiges Problem loswerden, das Beste aus einer unangenehmen Situation machen? Probieren Sie's mal mit eindosen. Dazu brauchen Sie eine kleine leere Dose und ein Bild Ihres Problems. Vergraben Sie beides in einem Blumentopf und säen Sie Blumensamen darüber. Wenn die Pflanzen keimen, sollte die Unannehmlichkeit zu schwinden beginnen, und wenn sie blühen, sollte alles wieder in Ordnung sein. Trocknen Sie die Blütenblätter und tragen Sie sie als Glücksbringer bei sich, der dieses Problem in Zukunft von Ihnen fernhält.

Eine etwas umweltverträglichere Variante zur Dose wäre eine kompostierbare Darstellung Ihres Problems. Sie könnten es zum Beispiel in eine große Kartoffel schnitzen, die Sie anschließend auf den Komposthaufen werfen. Die Natur wird dann das Ihrige tun, nämlich das Problem langsam kompostieren und so negative Energie in etwas Nützliches verwandeln!

LIMONADE MACHT DAS LEBEN SÜSS

Kennen Sie den Spruch: »Wenn dir das Schicksal Zitronen schenkt, mach Limonade daraus«? Setzen Sie diese Idee doch mal auf magische Weise um! Während Sie die Limonade zubereiten, nehmen Sie sich mit jeder Zitrone ein bestimmtes Problem vor. Heben Sie die Zitronenschalen auf, und rühren Sie die Limonade gegen den Uhrzeigersinn (um Negativität fernzuhalten), während Sie murmeln: »*Weg, weg, weg mit dir, Pech.*« Konzentrieren Sie sich auf Ihren Wunsch, die Dinge umzukehren, und rühren Sie nun im Uhrzeigersinn. Dabei wiederholen Sie immer wieder: »*Mein, mein, mein, alle guten Dinge sind mein.*« Trinken Sie drei Tage lang dreimal täglich davon. Vorher murmeln Sie jeweils den letzten Spruch dreimal – das verstärkt die Zauberkraft.

Heben Sie ein Stückchen der getrockneten Zitronenschale zu Ihrem Schutz in einem Glücks- oder Fetischbeutelchen auf. Die übrige Schale können Sie gerieben als Räucherwerk oder für Reinigungslösungen verwenden.

GEBACKENER WOHLSTAND

Wenn Sie in finanziellen Schwierigkeiten sind, versuchen Sie es einmal mit Brotbacken. Am einfachsten geht es mit Fertigteig, dem Sie gehackten Spinat, Zwiebelwürfel, einen Zweig Basilikum und etwas Dill hinzufügen – lauter Zutaten, die Reichtum symbolisieren. Während Sie Gemüse und Kräuter in den Teig kneten, konzentrieren Sie sich mit folgendem Spruch auf Ihren Wunsch:

Geld komm her, Geld komm her,
Reichtum wünsch' ich mir so sehr.

Das Backen verstärkt die Energie des Zaubers, und wenn Sie das Brot essen, verinnerlichen Sie diese Energie von Wohlstand und Fülle in Ihrem Leben. Selbst wenn der Geldsegen sich nicht sofort einstellt, müssen Sie in dieser Woche immerhin kein Brot kaufen!

Der Volksglaube sagt, es bringt Reichtum, Glück und göttliche Hilfe, ein Stückchen von diesem Brot in der Tasche zu haben.

Mit leicht abgewandelten Zutaten und einem weiteren Zauberspruch läßt sich mit Hilfe des Brots auch Ihre Stimmung heben. Geben Sie gehackte Oliven und einen Zweig Majoran in den Teig, während Sie beispielsweise sagen:

Fort mit der Traurigkeit,
her mit der Fröhlichkeit,
Freude allein soll in mir sein.

Tragen Sie auch ein Stückchen dieses Brots bei sich.

IN EINEM AUFWASCH

Um eine schlechte Angewohnheit abzulegen, waschen Sie sie einfach mit Ihrem schmutzigen Geschirr weg. Zeichnen Sie ein Symbol der schlechten Gewohnheit mit Spülmittel auf so viele Teller, Tassen und Gläser wie möglich. Waschen Sie jedes Stück gegen den Uhrzeigersinn ab, um die Gewohnheit zu bannen, während Sie sich vollkommen auf den Wunsch konzentrieren, Ihr Leben zu ändern. Bemühen Sie sich danach wirklich, Ihr Ziel zu erreichen. Wiederholen Sie diese Prozedur so oft wie nötig – oder bis der Abwasch erledigt ist.

Als Taschenzauber können Sie ein Minifläschchen Ihres Spülmittels als kleine Erinnerung an Ihren guten Vorsatz bei sich tragen. Wenn Sie das Gefühl haben, den Zauber erneuern zu müssen, waschen Sie sich einfach die Hände damit: Malen Sie das gleiche Symbol mit dem Spülmittel auf Ihre Hände und spülen Sie es dann sorgfältig wieder ab.

WOZU WEIN AUCH GUT IST

Nehmen Sie ein Glas Wein in die Hand. Schauen Sie in das Glas und sprechen Sie alles, was Sie momentan bedrückt, dort hinein. Sie werden feststellen, daß Sie einen großartigen Zuhörer haben. Rühren Sie den Wein im Uhrzeigersinn mit dem Zeigefinger Ihrer

rechten Hand (Linkshänder nehmen die linke) um und sagen Sie
dabei:

Alles Negative hier – fort von mir,
Wenn Wein aus diesem Becher fließt,
ich das Leben neu genieß'.

Gießen Sie Dreiviertel des Weins auf die Erde und warten Sie, bis
dieser ganz versickert ist. Drehen Sie sich um und gehen Sie fort.
Schauen Sie sich danach auf keinen Fall mehr um.

Geben Sie den übrigen Wein in eine kleine Flasche, wie man
sie beispielsweise im Flugzeug bekommt. Wenn Sie wieder kleine
Unerfreulichkeiten erleben, können Sie jederzeit ein bißchen
von diesem Zauber vergießen!

SUPPE AUS DEM HEXENKESSEL

Diese Form von Magie sorgt für Kontinuität in allen Lebenslagen.
Man nehme einen großen Suppentopf. Nennen Sie die Beteiligten oder die Umstände der gegenwärtigen Situation beim Namen, während Sie die Zutaten kleinschneiden und in den »Kes-
sel« geben. Die Wärme beim Kochen sorgt für angenehme Übereinstimmung der verschiedenen Aspekte oder Personen; das
Umrühren im Uhrzeigersinn schenkt dem ganzen Geschehen
positive Energie. Jetzt sollten Sie Hestia um ihren Segen bitten.
Füllen Sie kleine Portionen der Suppe ab und geben Sie jeder beteiligten Person eine davon. Beim Essen werden diese Menschen
die Kraft der Harmonie verinnerlichen.

WAHRSAGEN IN DER KÜCHE

Wahrsagen ist eine Form der Prophezeiung, durch die Sie Symbole oder echte Bilder als Antworten auf bestimmte Fragen in ci-
nem spezifischen Medium erkennen können. Früher benutzten
Wahrsagerinnen dazu Kristallkugeln, einen Teich oder den Himmel. Heutzutage haben Sie in Ihrer Küche zwei simple Alternativen: Spülmittel und Kaffeesahne. Füllen Sie das Spülbecken mit

Wasser und geben Sie das Mittel in flüssiger oder pulverisierter Form im Uhrzeigersinn hinein, während Sie über eine ganz bestimmte Frage nachdenken. Wenn Sie es mit Sahne probieren wollen, gießen Sie diese ebenfalls im Uhrzeigersinn in Ihren Tee oder Kaffee. Achten Sie auf die Formen und Bilder, die als Antwort auf Ihre Frage dabei entstehen. Wenn Ihre Frage beispielsweise mit dem Berufsleben zu tun hat und die Sahne einen Kreis bildet, könnte das bedeuten, daß Sie Geschlossenheit oder einen gewissen Kreis von Menschen benötigen, um Ihr Ziel zu erreichen.

 Weitere Zaubertips

Hier kommt es ganz auf Ihre Absichten an. In Liebesdingen sollten Sie roten oder rosafarbenen Nippes verwenden, für mehr Friedfertigkeit Amethyst, Mondstein oder türkisfarbene Objekte. Um bestimmte Energien zu binden, hängen Sie mit Magneten ein passendes Symbol an die Kühlschranktür, zum Beispiel das Bild eines Auges für mehr Durchblick. Für ein bißchen Glück eignet sich ein Potpourri mit Zimt. Grüne Lebensmittel fördern den Wohlstand; Fruchtsäfte liefern gesunde Energie.

Der Vollmond ist günstig für neue Vorsätze, der Samstag für das Hervorbringen von Ergebnissen; der Monat Mai hilft Ihnen, wenn Sie Fortschritt anstreben, und wenn der Mond im Krebs steht, fördert er die mediale Begabung.

Technik-Zauber

Wenn man sich die Wunder der Weltraumforschung vor Augen führt, erscheint einem Magie ziemlich anachronistisch. Auf der anderen Seite ist vieles, was die Menschen früher nur der Zauberei zutrauten, heute Wirklichkeit. Das belegt, daß Technik und Metaphysik fruchtbar zusammenwirken können, besonders bei so coolen Magierinnen wie uns, die sich niemals ohne ihre modernen Spielsachen erwischen lassen würden.

Für technischen Zauber wenden Sie sich am besten an die haitianische Göttin Ayizan. Sie ist Mutter und Beschützerin der Menschheit und hält schadenbringende Magie von uns fern. Sie lehrt uns auch, wie man neuartige technische und andere Dinge herstellt und sinnvoll nutzt, auf umweltfreundliche, spirituell befriedigende Weise.

MIKROWELLENSCHNELL

Immer wenn Sie möchten, daß Ihr Zauber sehr schnell wirkt, können Sie ihn mit Ihrem Mikrowellengerät beschleunigen. Wählen Sie einen Gegenstand, der das Ziel Ihrer magischen Bemühungen repräsentieren soll und den man risikolos für ein paar Sekunden in die Mikrowelle geben kann. Legen Sie dann den Gegenstand in die Mitte des Geräts, das Sie auf Ihre persönliche Glückszahl in Sekunden (oder ein Vielfaches davon) einstellen. Dann sagen Sie folgenden Zauberspruch:

> *Zauber sei schnell, immer zur Stell'.*
> *Sag ich das Wort ____ , tu, was ich will.*

Nehmen Sie den Gegenstand aus der Mikrowelle und legen Sie ihn in Ihr Portemonnaie. Wann immer es Ihnen einfällt, sprechen Sie das besagte Wort und berühren dabei das gewählte Objekt, um den Zauber für Ihren Wunsch zu erneuern.

DER REICHTUM DER KÜCHENMASCHINE

Ein Mixer ist das ideale Instrument, um Magie zu einer harmonischen Mischung für jeden Anlaß zu verarbeiten. Sie können damit eßbare Mixturen erzeugen, aber auch solche, die nur symbolischen Zwecken dienen. Geben Sie zum Beispiel etwas Knoblauch, Zwiebelsaft, Chili-Sauce und andere »scharfe Sachen« in den Mixer. Außerdem benötigen Sie noch ein Glöckchen. Während die Zutaten sich miteinander verbinden, murmeln Sie folgenden Spruch:

Wo man diesen Trank vorfindet,
alles Böse gleich verschwindet.
Ayizan, steh mir zur Seite,
wenn ich dreimal läute.

Läuten Sie das Glöckchen dreimal. Nun geben Sie die Mischung bis auf einen kleinen Rest in ein Tongefäß, das Sie irgendwo auf Ihrem Grundstück vergraben. Die Schärfe des Tranks wird alles Negative fernhalten. Füllen Sie die restliche Flüssigkeit in ein kleines unzerbrechliches Gefäß, das Sie im Auto, in Ihrer Aktentasche oder wo auch immer Sie es brauchen aufbewahren können.

Um die Wirkung dieses Rituals zu dosieren und bestimmte Energien zu betonen, variieren Sie die verschiedenen Einstellungen Ihrer Küchenmaschine. Pürieren Sie, wenn Sie genau Details einer Sache erfahren wollen. »Hacken« bedeutet, negative Einflüsse zu brechen, »würfeln«entscheidet eine knifflige Situation. Und wenn Sie etwas verflüssigen, glättet das die Wogen.

HEISSE LIEBE AUS DEM OFEN

Könnte Ihr Liebesleben ein bißchen Feuer gebrauchen? Lassen Sie sich von Ihrem Ofen dabei helfen (zur Not genügt auch ein Toaster)! Probieren Sie es mal mit ein paar Keksen oder einem Stück Kuchen aus, die für Süße und Vergnügen stehen. Rufen Sie sich beim Backen das Bild Ihres Liebsten ins Gedächtnis und flüstern Sie: »*Heiße Leidenschaft, gib unsren Herzen Kraft.*« Wickeln Sie das Gebäck in erotisch-rotes Papier und stellen Sie es ihm persönlich zu. Viel Spaß beim gemeinsamen Naschen!

Um die Kraft der Liebe und Leidenschaft an jedem beliebigen Ort reaktivieren zu können, lassen Sie einfach einen der Kekse oder ein Stück Kuchen völlig austrocknen und überziehen es dann mit Klarlack, so daß Sie es nach Belieben bei sich tragen können.

Kühlen Sie Ihr Mütchen!

Jeder ist mal wütend. Dieser kleine Zauber kühlt überhitzte Gemüter und macht den Weg frei für ein konstruktives Gespräch. Suchen oder basteln Sie sich ein Symbol für die Situation, in der Sie stecken, oder der Person, auf die Sie sauer sind, und legen Sie es in den Kühlschrank. Jedesmal, wenn Sie die Kühlschranktür öffnen und das Symbol sehen, sagen Sie sich laut vor: *»Feindschaft? Nein. Frieden, kehr ein!«* Bemühen Sie sich, den Streit beizulegen, aber behalten Sie den Zauberspruch beim Öffnen des Kühlschranks bei, bis die Sache geklärt ist. Dann können Sie das Symbol aus dem Kühlschrank nehmen und es fortan als Talisman bei sich tragen, der Ihnen hilft, selbst in heißesten Situationen einen kühlen Kopf zu bewahren. Um den Zauber zu erneuern, wiederholen Sie einfach den bewährten Spruch (oder denken sich einen neuen aus).

Standbild

Wenn Sie ein Problem bannen wollen, ohne sich direkt einzumischen, ist dieser Zauber das Mittel der Wahl. Er funktioniert auch außerordentlich gut, wenn man Klatsch oder unerwünschte Gefühle unterbinden möchte. Schreiben Sie die Umstände einfach auf ein Stück Papier. Verbrennen Sie es und heben Sie die Asche auf. Geben Sie nun die Asche mit etwas Wasser in einen Eiswürfelbehälter und frieren Sie das Negative, den Klatsch oder die fixe Idee tatsächlich ein. Heben Sie diese Eiswürfel ganz hinten in Ihrem Gefrierschrank auf, bis Sie das Gefühl haben, daß das betreffende Problem vollständig gelöst ist. Lassen Sie die Eiswürfel dann in einem Garten oder Park schmelzen, so daß etwas Gutes aus der ursprünglich negativen Situation entsteht.

Wenn Sie diesen Zauber transportieren möchten, benutzen Sie einfach eine Kühlbox und ein paar Gefrierelemente.

Blitz der Erleuchtung

Wenn Sie ein bißchen Inspiration oder eine neue Perspektive gebrauchen können, benutzen Sie dazu einfach Ihren Fotoapparat.

Schließen Sie Ihre Augen und entspannen Sie sich, während Sie Ihre Kamera startklar in der Hand halten. Visualisieren Sie die kreative Energie des Universums, die Sie erfüllt und in Ihre Hände fließt. Wenn diese sich warm anfühlen, drücken Sie ein paarmal spontan auf den Auslöser. Lassen Sie den Film rasch entwickeln und interpretieren Sie die Zufallsbilder. Wenn Sie beispielsweise einen neuen Blickwinkel in einer Beziehung suchen und die Kamera das Bild eines Kaminfeuers eingefangen hat, bedeutet das, daß es in dieser Beziehung zu heiß geworden ist.

Wenn Sie diesen Zauber durchführen, um neue Ideen zu bekommen, tragen Sie in Zukunft die Bilder bei sich. Immer wenn Sie besondere Inspiration benötigen, nehmen Sie sie zur Hand und lassen sich erneut von der Energie der Visualisierung erfüllen. Machen Sie sich gleich danach an die betreffende Aufgabe!

VIDEO-KONTROLLE

Sind Sie sich in einer bestimmten Angelegenheit unsicher? Lassen Sie sich die Antwort von Ihrem Videorecorder geben! Greifen Sie, während Sie über die Frage nachdenken, zufällig irgendeinen Spielfilm heraus und legen Sie ihn in den Recorder. Drücken Sie auf den Schnellvorlauf und wiederholen Sie folgenden Satz dreimal: *»Bilder, die laufen, Bilder, die springen, sollen die wahre Antwort mir bringen.«* Halten Sie den Film dann an und achten Sie auf den ersten Satz, der gesprochen wird. Schreiben Sie ihn sich auf, denn er wird Ihre Frage irgendwie beantworten. Das Stück Papier ist ein Talisman, mit dessen Hilfe Sie effektiver handeln werden.

Weitere Zaubertips

Verwenden Sie gelbe Marker für einen wachen Geist (vielleicht sogar gelb liniertes Papier). Legen Sie einen Jett-Stein neben jedes technische Gerät, damit es (weiterhin) gut funktioniert. Quarz sorgt allgemein für Energie und Kreativität. Minze- und Rosmarinduft schärfen das Denkvermögen. Versuchen Sie Türklingeln oder Telefone in einen Zauber einzubauen, wenn Sie Nachrichten bekommen wollen. Schicken Sie magische Botschaften über die Sprechanlage. Wenn Sie die Elemente in einen Zauber einbeziehen wollen, kann Ihr Boiler Feuer, ein Wasserhahn Wasser, ein Ventilator die Luft und der Kellerfußboden die Erde symbolisieren.

Das Timing dieser Techno-Magie hängt sehr von der jeweiligen Dringlichkeit ab. Der zunehmende Mond eignet sich aber auf jeden Fall für einen Neubeginn. Dienstage empfehlen sich für alles, was mit Geschicklichkeit und Logik zu tun hat. Der Monat Juni strahlt Gelassenheit aus und eignet sich deshalb gut zum Treffen von Entscheidungen. Wenn der Mond im Schützen steht, steigert das die Willenskraft.

Rund ums Haus

Wie Sie bereits gesehen haben, geht es in diesem Buch darum, Magie überall, auch in allen Ecken Ihrer Wohnung, zu entdecken. Wenn Sie noch nie an den Zauber Ihres Badezimmers gedacht haben, nehmen Sie sich doch beispielsweise ein gutes Buch dorthin mit und drehen Sie den Schlüssel um – das ist der perfekte »Zauber« für Privatsphäre!

Für Magie in allen Winkeln eines Hauses rufen Sie Kikimora an, die slawische Hausgöttin. Sie ist eine besonders gute Wahl für all jene unter uns, die mit dem Haushalt eher auf Kriegsfuß stehen. Um sie gnädig zu stimmen, bevor Sie mit Ihrem Zauber beginnen, sollten Sie einen Topf oder eine Pfanne mit Farntee abwaschen, um ihre Aufmerksamkeit zu erregen. Einfacher ist es, wenn Sie einfach einen getrockneten Farnwedel an einem dekorativen Gefäß befestigen, das Sie sich in die Küche hängen.

SEGENSREICHE DUSCHE

Nur wenige von uns nehmen sich genug Zeit dafür, sich selbst Gutes zu tun. Ein Augenblick, in dem Sie an sich selbst denken und sich Segen wünschen, ist der wichtigste jedes Tages. Das zieht die Energie und Hilfe der Göttin auf Sie und hilft Ihnen bei jeglichem Zauber. Für die segensreiche Dusche benötigen Sie duftende Kräuter, wie Lavendelblüten für Friedfertigkeit, Katzenminze für die Attraktivität, Piment für Gesundheit und Glück sowie eine Zimtstange für Liebe und Kraft. Wickeln Sie diese Zutaten in locker gewebten Stoff oder ein feines Netz. Beim Duschen reiben Sie damit sanft über Ihren ganzen Körper, um alles Negative abzuwaschen. Sagen Sie dazu folgenden Spruch:

Wasch die Sorgen ab,
halt das Unglück fern.
Kikimora, bitte schick Deinen Segen herab.

Dabei stellen Sie sich das Wasser als sprühendes silbernes Licht vor, das alle Sorgen absorbiert und abwäscht. Tragen Sie danach eine kleine Portion der Kräuter-Gewürz-Mischung bei sich, damit Schutz und Segen erhalten bleiben.

Spülen Sie Ihre Sorgen hinunter

Wenn Sie das nächste Mal einen Augenblick der Ruhe auf dem sprichwörtlichen »Thron« genießen, nutzen Sie die Gelegenheit, um ein bißchen zu zaubern. Das symbolhafte Herunterspülen bildet die Basis dieses Rituals, und Sie können jedes beliebige Örtchen verwenden, um ein Ärgernis loszuwerden. Zeichnen Sie einfach ein Bild des Problems auf ein Stück Klopapier und werfen Sie es in die Schüssel. Schauen Sie beim Spülen nicht auf das Papier, sondern sehen Sie weg, damit Sie das Problem nicht wieder mitnehmen.

Staubsauger-Zauber

Haben Sie das Gefühl, in Ihrem Haus gäbe es Geister? Oder strahlen die Wände Gereiztheit aus? Beseitigen Sie den Spuk mit einem Gegenzauber! Nehmen Sie etwas Salz und verstreuen Sie es gegen den Uhrzeigersinn in Ihren Zimmern, während Sie folgen-

den Satz mehrfach wiederholen: »*Geister und alles Schlechte, fort,
fort von diesem Ort!*« Danach saugen Sie das Salz im Uhrzeugersinn
wieder ein und sagen dabei: »*Sauber durch Zauber. Dieser Ort sei mein!*«

Sollten Sie keinen Staubsauger zur Hand haben, in einem Hotel beispielsweise, können Sie das Salz auch mit einem Blatt Papier oder mit bloßen Händen entfernen.

ZUR AUFHELLUNG

Manchmal scheint es einem, als würde die ganze Welt über einem
zusammenstürzen. Es ist ganz schön schwer, in so schlimmen Tagen den Kopf nicht hängen zu lassen, aber ein paar Duftöle und
einige Lampen können helfen. Wählen Sie ein Öl, das dem genauen Gegenteil Ihres gegenwärtigen Zustands entspricht. Wenn
Sie beispielsweise wütend sind, greifen Sie zu Apfelblütenduft,
der Freude auslöst. Wenn Sie krank sind, nehmen Sie Veilchen
oder Rosmarin, die für Gesundheit stehen, und wenn Sie vom
Pech verfolgt sind, hilft Zimt-, Nelken- oder Vanilleöl. Wofür Sie
sich auch entscheiden, tupfen Sie ein wenig davon auf alle Lampen in Ihrer Umgebung. Wenn Sie Ihre Stimmung verbessern
möchten, hellen Sie sie im wahrsten Sinne des Wortes auf, indem
Sie eine der Lampen einschalten.

ZAHLENMAGIE

Diese Art von Zauber können Sie überall anwenden. Denken Sie
an eine Frage, die Sie gerade bewegt, und stellen Sie sich diese
bei geschlossenen Augen so detailliert wie möglich vor. Nachdem
Sie Ihre Augen wieder geöffnet haben, schreiben Sie sich die erste Zahl auf, die Sie sehen. (Das können die Zahlen auf einer Uhr,
eine Postleitzahl auf einem Brief oder die Gewichtsangaben auf
einer Konservendose sein.) Wenn die Zahl größer ist als zehn, bilden Sie die Quersumme, bis Sie auf eine einstellige Zahl kommen. Wenn Sie etwa die Postleitzahl 14224 erblicken, rechnen Sie
$1 + 4 + 2 + 2 + 4 = 13 = 1 + 3 = 4$. Diese Zahl steht für die Antwort
auf Ihre Frage.

Wenn Sie diese Methode unterwegs nutzen wollen, achten Sie auf Nummernschilder, Plakate, Hausnummern und ähnliches als numerische Antworten.

BOOGIE-FIEBER

Musik besänftigt sogar wilde Tiere, warum sollte man sie also nicht magisch nutzen können, um die Seele zu beruhigen? Für diesen Zauber rate ich Ihnen, sich statt an Kikimora an Bastet zu wenden, denn Bastet ist die Göttin von Tanz, Vergnügen und Ausgelassenheit. Suchen Sie sich ein Musikstück aus, das Sie zum Tanzen bringt. Spielen Sie es sich laut vor und beginnen Sie, dazu im Uhrzeigersinn durch Ihr Wohnzimmer zu tanzen.

Während Sie tanzen, singen oder summen Sie zur Musik. Eine rhythmische Beschwörungsformel wäre etwa: *»Lust am Tanz, stell dich ein! Mit Bastets Macht will ich fröhlich sein!«* Beginnen Sie ganz leise und heben Sie die Stimme im Rhythmus Ihres Tanzes. Wenn Sie das Gefühl haben, die Energie sei auf einem Höhepunkt angelangt, heben Sie die Hände mit der letzten Silbe und entlassen den Glückszauber in Ihr Zuhause.

Weitere Zaubertips

Für diese Art von Zauber können Sie fast alles verwenden, was Sie zu Hause vorfinden. Sehen Sie sich mit offenen Augen in Ihrer Wohnung um, damit Sie das vorhandene magische Potential erkennen. Ziehen Sie beispielsweise schwere Vorhänge zu, um alles Negative auszuschließen oder für Intimität zu sorgen. Machen Sie die Fenster auf und lassen Sie frischen Wind herein. Oder benutzen Sie einen Spiegel und ein Reinigungsmittel zum Wahrsagen.

Planen Sie Haushaltsmagie nach den Möglichkeiten Ihres Terminkalenders. Freitagabende sind eine gute Wahl, da dann die normale Arbeitswoche zu Ende ist und dieser Tag für gute Beziehungen und erfolgreiche Kommunikation steht. An jedem Tag im Monat August läßt sich die Harmonie verbessern. Und falls Sie aktiv werden, wenn der Mond im Wassermann steht, erzeugt das Empathie.

PC- und Internet-Beschwörungen

Heutzutage kann man fast alles mit einem Computer oder über das Internet machen, warum also nicht auch ein bißchen zaubern? Stellen Sie sich Elektrizität als die treibende Kraft vor und die Netzwerk- oder Programmfunktionen als Leitlinien, dann werden Sie sehen, wie Ihre Zauberkraft an die Stellen gelangen kann, wo sie am dringendsten gebraucht wird. Wenn Sie zum Beispiel einen Lebenslauf an eine Firma schicken oder auch nur eine Nachricht, der Sie ein bißchen zielgerichtete Magie mitgeben wollen, wiederholen Sie im Geiste folgende Beschwörung, während Sie das Dokument vorbereiten oder schicken:

> *Computer, schicke diese Botschaft*
> *aus Bits und Bytes wohlbehalten*
> *an ihr Ziel.*

Unterstützen Sie diesen Spruch durch symbolisches Räucherwerk, das Sie verbrennen, während Sie an dem Schriftstück arbeiten. Bei Bedarf können Sie es jederzeit neu entzünden.

Es gibt zwei Göttinnen, die zur Computer- und Internetmagie
passen. Die eine ist Vach, die Hindu-Göttin der mystischen Sprache, mit der die Weisheit vermittelt wird. Sie kann bei jeglichen
Programmierproblemen oder Schwierigkeiten beim Herunterla-
den von Dateien aus dem Internet helfen. Die andere, Tashmit, ist
die chaldäische Göttin des Hörens und Sprechens. Sie sorgt dafür,
daß die Empfänger von Nachrichten aufgeschlossen für deren Inhalt sind. Daher eignet sie sich hervorragend als Schutzpatronin
Ihrer E-Mail.

Legen Sie es ab!

Was brauchen Sie gerade in Ihrem Leben? Denken Sie darüber
nach und suchen Sie nach einem Wort, das dieses Bedürfnis beschreibt. Legen Sie dann in Ihrem Computer einen speziellen
Ordner an, in den Sie sachlich und detailliert die Anstrengungen
hineinschreiben, die Sie unternehmen wollen, um dieses Ziel zu
erreichen. Benennen Sie diesen Ordner mit dem Wort, das Sie aus-
gewählt haben, »Sieg«, »Gesundheit« oder »Geld« beispielsweise.
Jedesmal, wenn Sie diesen Ordner auf Ihrem Computer sehen,
werden Sie die magische Energie des Siegs, der Gesundheit oder
des Geldes in Ihr Leben zurückbringen. Dabei dürfen Sie die
konventionellen Methoden, um Ihr Ziel zu erreichen, natürlich
nicht vernachlässigen. Wenn Sie keinen Computer besitzen oder
sich einen Zauber wünschen, den Sie leichter bei sich tragen können, benutzen Sie einfach einen Aktenordner. Den können Sie
problemlos in Ihre Aktenmappe oder Ihren Koffer stecken.

Eine Glücksmaus im Haus

In manchen Ländern des Ostens halten sich die Leute eine Gril-
le, die sie in ihrem Haus gefunden haben, als Glücksbringer in einem speziellen Käfig. In Böhmen gelten dagegen weiße Mäuse
als besondere Glücksbringer. Um diese beiden Vorstellungen mit-

einander zu kombinieren, setzen Sie Ihre Computermaus in einen speziellen Käfig (erhältlich im Computerhandel), wenn Sie sie gerade nicht benutzen. Auf den Boden dieses Behältnisses legen Sie etwas, das einen Bereich symbolisiert, in dem Sie mehr Glück gebrauchen könnten – zum Beispiel ein Herz aus Papier für die Liebe, eine in grünen Stoff gewickelte Münze für Geldangelegenheiten. Belassen Sie das Symbol für – Ihrer persönlichen Glückszahl entsprechend – viele Tage oder Wochen dort, so daß Ihre kleine weiße Maus es mit Zauberkraft laden kann. Jedesmal, wenn Ihr Blick darauf fällt, sagen Sie:

Kleine Maus in deinem Käfig,
lad diese Münze mit Glück recht kräftig.
Tashmit, schick meinen Wunsch hinaus,
wenn ich klicke mit dieser Maus.

Tragen Sie den Glücksbringer bei sich und wiederholen Sie den Spruch jedesmal, wenn Sie die Maus betätigen, bis sich Ihr Wunsch erfüllt hat.

BILDSCHIRMSCHONER

Eine andere gute Möglichkeit, Ihre Magie umzusetzen, ist ein Bild, daß Sie regelmäßig sehen. Schauen Sie sich verschiedene Bildschirmschoner an und suchen Sie sich einen aus, der Ihrem Zauberziel am ehesten entspricht. Denken Sie sich eine Beschwörungsformel aus, die Sie jedesmal wiederholen, wenn das Bild auf Ihrem Bildschirm erscheint. Das erzeugt magische Kraft für jeden beliebigen Zauber, an dem Sie gerade arbeiten.

DIE ANGELSCHNUR

Viele Leute surfen im Internet auf der Suche nach Gleichgesinnten und in der Hoffnung auf Freundschaft mit weit entfernten Menschen. Dieser Zauber hilft Ihnen dabei. Sie brauchen etwa einen Meter Angelschnur oder irgendeinen anderen Faden. Schreiben Sie das Wort »Freund« oder »Freundin« auf ein Stück

Papier und binden Sie es an das eine Ende der Schnur. Setzen Sie sich an Ihren Computer und legen Sie die Schnur über den Tisch vor sich. Ihr Computer sollte natürlich eingeschaltet und irgendein Chat angesurft sein. Konzentrieren Sie sich jetzt auf Ihr Ziel und ziehen Sie langsam den Faden zu sich heran, während Sie murmeln: »*Mit dieser Schnur werden Freunde aus Fremden. Vach, zu dir will meinen Wunsch ich senden.*« Wiederholen Sie diesen Satz, bis das Papier in Ihrer Hand liegt. Wickeln Sie die Schnur drumherum und legen Sie es immer neben sich, wenn Sie das Netz auf der Suche nach Bekanntschaften durchstreifen.

 Weitere Zaubertips

Ein helles Gelb fördert die Kommunikation. Legen Sie einen Amethyst neben technische Geräte, damit Sie cool bleiben, wenn Sie mit ihnen arbeiten. Versehen Sie Vorlagenhalter und Klemmbretter mit magischen Symbolen, die für ein bißchen Zauber sorgen. Überlegen Sie sich ein positives Paßwort, so daß Sie jedesmal diese Energie »öffnen«, wenn Sie Ihren Computer starten!

Ein guter Zeitpunkt für Computer- und Internetmagie (abgesehen davon, wenn etwas nicht funktioniert) sind die Mittagszeit und Sonntage, wenn der helfende logische Einfluß der Sonne am größten ist. Der März eignet sich zum Lernen, im September versteht man »mysteriöse« Dinge am leichtesten, und wenn der Mond in der Waage steht, ist das die beste Zeit für ein solides Urteil.

Die lieben Haustiere

Viele Leute verwöhnen und beschützen ihre Haustiere wie Kinder. Die Taschenmagie entspricht diesem Bedürfnis mit Zaubersprüchen, Tips für ein besonderes Lager und Ritualen, die diese Geschöpfe vor Krankheit und Unglück schützen.

Die ideale Göttin für Haustier-Magie ist die irische Brigit, die außerdem über alle haushälterischen Fertigkeiten wacht. Als Toch-

ter des guten Gottes Dagda war sie bekannt für ihre Sanftmut und
Güte gegenüber allen Geschöpfen.

LUSTIGE HOLUNDERBLÜTEN

Die englische Volksmedizin besagt, daß Holunderblüten Tiere
schützen. Um diesen Zauber zu aktivieren und für einen wirkungsvollen Flohschutz, mischen Sie getrocknete Holunderblüten mit Sägespänen von Kiefernholz und nähen Sie sie in ein großes Kissen für Ihre Katze oder Ihren Hund ein. Wenn Ihr Haustier ein Fisch oder Vogel ist, würde ich Ihnen raten, statt dessen
Holunderblüten außen am Käfig oder dem Aquarium zu befestigen. Während Sie das Kissen nähen, bitten Sie Brigit um ihren
Schutz:

> *Brigit, steh meinem Tier zur Seite.*
> *Halt _____ sicher und gesund.*
> *Laß deine Macht wirken auf diesem Grund.*

Nähen Sie außerdem ein ganz kleines Säckchen, das Sie immer
mitnehmen können, egal wohin Sie sich mit Ihrem Haustier begeben.

ZAUBERANHÄNGER

Bei Hunden und Katzen kann man für diesen Zauber entweder
die Steuermarke oder ein Glöckchen verwenden. Für Vögel empfiehlt sich eine etwas größere Glocke, die Sie in den Käfig hängen,
für Fische etwas Wasserfestes. Nehmen Sie das von Ihnen gewählte Objekt in die Hand und visualisieren Sie helles, weißes,
schützendes Licht und sagen Sie dazu:

> *Gesundheit, langes Leben und Glück*
> *schenkt dir dieses Zauberstück.*

Befestigen Sie das magische Objekt am Halsband Ihrer Katze
oder Ihres Hundes oder an einem Ort, wo sich Ihr Haustier re-

gelmäßig aufhält. Laden Sie es von Zeit zu Zeit mit frischer Energie, um den Zauber aufrechtzuerhalten.

PFOTENZAUBER

Ebenfalls aus dem Volksglauben kommt die Überzeugung, daß ein Haustier niemals verlorengeht, wenn man seine Pfoten mit Butter bestreicht. Schmelzen Sie etwas Butter und geben Sie eine Knoblauchzehe zum allgemeinen Schutz dazu.Wenn das Fett etwas abgekühlt ist, bestreichen Sie die Pfoten Ihres Vierbeiners damit. Wiederholen Sie die Prozedur einmal monatlich und sprechen Sie folgende Beschwörungsformel dazu:

Eins für die Liebe,
zwei für ein langes Leben,
drei für die Gesundheit,
und vier, damit du nie verloren gehst.

MAGISCHER FLOHSCHUTZ

Wollen Sie Ihr Tier flohfrei halten und schützen? Dann ist dies hier der perfekte Spruch für Sie. Nehmen Sie vier Tassen Wasser und geben Sie jeweils acht Tropfen Rosmarin-, Salbei-, Kiefern- und Fenchelöl hinein (diese Substanzen halten alle Flöhe ab und wirken außerdem beschützend). Rühren Sie das Wasser bei abnehmendem Mond oder Neumond gegen den Uhrzeigersinn um, während Sie murmeln: »*Ungeziefer, verschwinde für immer, Flöhe und Unheil nähert euch nimmer.*« Bürsten Sie diese Mischung einmal wöchentlich in das Fell Ihres Lieblings. Tauchen Sie auch sein Halsband in das Zauberwasser, lassen Sie es danach trocknen und legen Sie es ihm wieder um – Ihre Magie und Zuneigung werden ihn nun ständig begleiten.

 Weitere Zaubertips

Satte Braun- und Grüntöne symbolisieren die Kraft der Natur. Geben Sie Ihrem Tier besonders behandeltes Futter oder Kri-

stall-Tinkturen. Plazieren Sie einen magisch geladenen Mondstein für einen friedlichen Schlaf an dem Ort, wo Ihr Haustier die
meiste Zeit verbringt. Geben Sie Ihrer Katze verzauberten Bald-
rian oder Katzenminze und Ihrem Hund einen Knochen mit
Zauberkraft.

Empfehlenswert zur Herstellung dieser Magie oder zum Durchführen von Ritualen sind Samstage – die Tage des Saturn, der
über die natürlichen Kreisläufe herrscht. Auch der Monat Mai,
benannt nach der Erdgöttin Maia, ist günstig. Der Mond sollte
möglichst in einem Erdzeichen (Steinbock, Jungfrau oder Stier)
stehen.

Magie im Büro

Es gibt zu viele Leute,
die leben, ohne zu arbeiten,
aber wir haben noch mehr Leute,
die arbeiten, ohne zu leben!

CHARLES R. BROWN

Wenn Sie tagtäglich aufstehen und zur Arbeit gehen, begleitet Ihr Geist Sie auf Schritt und Tritt. Er beeinflußt Ihre Interaktion mit anderen Menschen und die Art und Weise, wie Sie mit Schwierigkeiten umgehen. Lassen Sie deshalb, wenn Sie aus dem Haus gehen, die Göttin und ihre Magie nicht zurück. Stecken Sie sie in die Tasche und suchen Sie sich kreative Möglichkeiten, um ihre Macht in Ihrem Berufsleben wirken zu lassen.

Beginnen Sie den Tag, indem Sie Ihre Schuhe mit dynamischen, charismatischen Gewürzen bestäuben, mit Zimt zum Beispiel. Tragen Sie Kleidung, deren Farbe etwas unterstützt, was in Ihrem Job wichtig ist. Eine Führungskraft könnte beispielsweise Orangerot tragen, um kreative Führungsqualitäten zu fördern; eine Krankenschwester zieht vielleicht etwas Purpurrotes an, das Sympathie erzeugt, und eine Schriftstellerin sollte Gelb tragen, weil das die Kreativität fördert. Parfums und Aromaöle können ebenfalls Wunder wirken. Tupfen Sie einfach ein bißchen davon morgens als erstes auf Ihre Handgelenke. Der Führungskraft würde ich das produktivitätsteigernde Öl der Poleiminze empfehlen, der Krankenschwester dagegen Geraniumöl, das die eigene Gesundheit schützt.

Gestalten Sie Ihren Arbeitsplatz so, daß Sie daraus die optimale Energie ziehen können. Magisch geladene Kristalle (s. Kapitel 1) liefern einen Extra-Powerschub, wenn Sie ihn am nötigsten brauchen. Ich empfinde auch Pflanzen als sehr hilfreich. Sie können die Pflanze nach der ihr innewohnenden Energie auswählen, aber alles, was wächst, symbolisiert schon die Erfüllung Ihrer Wünsche.

Maschinen-Zauber

Wer könnte nicht ein bißchen Zauberei bei all unseren heißgeliebten, lebensnotwendigen Büromaschinen gebrauchen? Je abhängiger wir von der Technik werden, desto nötiger haben wir Magie und Spiritualität. Wenn Sie es mit einem defekten Anrufbeantworter, einem Computer-Crash oder einem verrückten Kopierer zu tun haben, können Sie natürlich immer den Kundendienst rufen, aber warum sollten Sie es nicht auch mit ein wenig Magie versuchen? Zauberei hat ja auch etwas mit Elektrisieren zu tun und funktioniert deshalb bei den meisten technischen Geräten ganz fabelhaft. Und wenn es nichts nützt, so haben Sie wenigstens etwas Produktives gemacht, während Sie auf Hilfe gewartet haben!

Unter den Göttinnen wenden Sie sich am besten an Tara, die indische Patronin von Wissen, Kontrolle und Urteilsvermögen. Tara reitet auf einem Löwen und hält die Sonne der Erkenntnis in einer Hand. Damit will sie die Geschöpfe der Welt vor allen Schrecken schützen, auch vor ungeduldigen Chefs! Eine gute Alternative wäre auch Danu, die irische Schutzherrin der Hexen und Zauberer (die Technologie von heute ist schließlich die Magie von gestern). Sichern Sie sich Danus Unterstützung zu, indem Sie bei der Arbeit ein paar Körner Gerste in der Tasche haben.

Reparieren und wiederherstellen
Um Reparaturen am Computer zu beschleunigen, zünden Sie in Ihrem Büro ein Räucherstäbchen mit Rosmarinaroma an (oder tragen selbst einen Tupfer Rosmarinöl). Während Sie (oder jemand anders) sich am Computer zu schaffen machen, wiederholen Sie ständig im Geiste:

Danu, mächtigste der Zauberinnen,
heil alle Bits und Bytes darinnen.

Die Arbeit sollte abgeschlossen sein, wenn das Räucherstäbchen abgebrannt ist.

Als Zauber für unterwegs füllen Sie ein bißchen von der Räucherstäbchenasche in ein Gefäß und verstreuen diese an jedem beliebigen Ort, wo Sie besondere Konzentration benötigen.

DIE GUNST DES KOPIERERS

Bei abnehmendem Mond spendieren Sie Ihrem Kopierer einen neuen Toner, um ihn gnädig zu stimmen. Während Sie diesen gegen den alten austauschen und die Maschine von innen säubern, bitten Sie um Taras Beistand. Legen Sie ein Lorbeerblatt unter die Rollen der Maschine, um sie vor künftigen Problemen zu schützen.

Lorbeerblätter sind übrigens ein toller Taschenzauber für anhaltende Stärke, Schutz und jede Menge Energie, während Sie bei der Arbeit sind. Schreiben Sie das Wort »Energie« auf ein Lorbeerblatt und stecken Sie es in Ihre Brieftasche oder Ihren Schuh.

TELEFON-HILFE

Legen Sie die Zeichnung einer geöffneten Hand unter Ihr Telefon, wenn ständig überall besetzt ist. Sie steht dafür, die Hand auszustrecken und jemanden zu berühren. Nachdem es geholfen hat, werfen Sie das Bild in den Müll, damit es die Schwierigkeiten mit dem Telefon gleich mitnimmt. Zeichnen Sie das gleiche Bild auf ein anderes Stück Papier, während Sie sagen:

Tara, Danu, mit Eurer Hilfe geschehe,
daß jeder meine Worte verstehe.

Tragen Sie diese Zeichnung in Ihrer Aktenmappe, Ihrem Portemonnaie oder Ihrer Hosentasche mit sich, um Ihre kommunikativen Fähigkeiten am Arbeitsplatz und an jedem beliebigen Ort zu verbessern.

GESUMMTE HEILUNG

Ich habe einen Freund, der auf die folgende Methode schwört: Wenn eine Maschine Ärger macht, beginnt er zu summen oder sie zu »stimmen«. Verwenden Sie tiefe, gleichmäßige Töne, die dem Geräusch, das die Maschine üblicherweise macht, so nahe wie möglich kommen. Konzentrieren Sie sich auf die Schwingungen dieses Klangs und darauf, was für eine Stimmung er bei Ihnen erzeugt. Das wird Sie langsam in Harmonie mit dem Gerät bringen, was zwei Dinge zur Folge haben kann: Entweder wird die Maschine wieder (besser) funktionieren, oder Sie begreifen plötzlich, was Sie bei ihrer Bedienung falsch gemacht haben. Das Praktische an dieser Methode ist, daß Sie Ihre Stimme ja immer und überall dabeihaben und sie sich deshalb ideal für die Taschenmagie eignet. Sie ärgern sich zum Beispiel, daß ein Lift so lange auf sich warten läßt? Fangen Sie einfach an zu summen.

KEINE FAXEN MEHR

Wenn Ihr Fax (oder Modem) immer wieder mitten in der Übertragung auflegt, wenden Sie diesen schlichten Zauber an, um die Kommunikationskanäle durchlässiger zu machen. Tauchen Sie Ihre Fingerspitze in Kaffee (wegen der Energie) und zeichnen Sie damit dreimal ein Pentagramm zum Schutz und zur Beseitigung von Problemen auf eine Seite des Geräts. Beginnen und enden Sie an der linken, unteren Ecke des Sterns. Während des Zeichnens visualisieren Sie weißes Licht, das von der Maschine absorbiert wird, die elektrischen Verbindungen durchströmt und sie öffnet.

Diesen Zauber können Sie überall anwenden – nur die verwendete Flüssigkeit müssen Sie den Umständen und der Verfügbarkeit anpassen. Mit Wasser zum Beispiel verstärken Sie den »Fluß«, Tee bringt Ruhe, Orangensaft fördert die »Gesundheit« eines Apparats.

 *Weitere Zaubertips*

Mit Orangenschalen oder -öl können Sie ein Problem vorherse-hen und positive Lösungen erkennen. Mit Minzextrakt lassen sich böse Geister aus einer Maschine vertreiben. Blutsteine in der Nähe des Arbeitsbereichs halten Schwierigkeiten mit der Elek-trizität fern. Ein Fossil fördert die Langlebigkeit einer Maschine, und Jett oder Tigerauge bringt Glück.

Halten Sie Essen und Trinken von dieser Art Magie fern – Brö-sel und flüssige Spuren haben eine sehr negative Wirkung auf das Karma jeglicher elektrischer Geräte. Und vergessen Sie, um Him-mels willen, nicht, Ihren Werkzeugkasten und Betriebsanleitun-gen zu verzaubern, vielleicht mit ein paar Tropfen Rosmarinöl für eine verbesserte Auffassungsgabe.

Was das Timing betrifft, empfehle ich einen abnehmenden oder Neumond, um Dämonen aus Maschinen zu vertreiben. Wenn der Mond im Stier steht, ist das der richtige Zeitpunkt für den gesunden Menschenverstand. Im Monat Juli neigen Sie am wenigsten dazu, die Nerven zu verlieren. Sonntag ist der Tag der Vernunft, und wenn es vor allem auf das Resultat ankommt, soll-te möglichst gerade Samstag sein.

Managen Sie Ihren Chef

Haben Sie das Gefühl, daß Ihr Vorgesetzter oder Ihre Vorgesetz-te nicht hört, was Sie sagen, Ihr Engagement scheinbar nicht zu schätzen weiß, Ihnen nichts zutraut? Müßten Sie mit dieser Per-son einfach positiver, selbstsicherer kommunizieren können? Ein bißchen Büromagie kann da einiges ausrichten. Die folgende Sammlung von Glücksbringern und Zaubersprüchen ist der er-ste Schritt zu einem besseren Verhältnis zu Autoritätspersonen generell. Diese Dinge helfen Ihnen die Kontrolle wiederzuge-winnen.

Für Magie im Management wenden Sie sich an Athene, die

griechische Göttin der Krieger und Kaufleute. Sie hat schon immer Arbeiter und Handwerker, wie zum Beispiel Weberinnen und Zimmerleute, beschützt. Die Mythologie beschreibt sie auch als Ratgeberin, als friedenstiftend und gerecht sowie als Inspiration für wirkungsvolle Strategien. Erweisen Sie ihr die Ehre mit handgefertigten Gegenständen, Flötenmusik, Oliven und Moschusduft.

GOOD VIBRATIONS

Für eine friedliche Stimmung am Arbeitsplatz und rundherum, lassen Sie Lavendel auf Ihrem Schreibtisch wachsen. Sie können die Energie der Pflanze noch zusätzlich verstärken: Geben Sie eine rote Murmel für entschlossenes Handeln auf der Seite in den Übertopf, die nach Süden zeigt; eine weiße Richtung Osten sorgt für inneren Frieden, eine braune Richtung Norden für Erfindungsreichtum; mit einer grünen Murmel auf der Seite, die nach Westen zeigt, stärken Sie Ihr Selbstvertrauen.

Tragen Sie Steine in den gleichen Farben bei sich. Laden Sie sie mit folgendem Zauberspruch:

Athene, erfüll diese Steine
mit Frieden und mutiger Tat,
in meiner Hand entfalte ihre Zauberart.
Erfüll sie mit Sicherheit und Aufmerksamkeit,
so daß sie mir nützen, wo auch immer ich dazu bereit.

Tragen Sie die Steine zum Beispiel in einem Zauberbeutelchen bei sich, damit Sie ihre positive Energie überall nutzen können.

FRIEDE KEHRT EIN

Wenn Ihre Chefin Tee trinkt, machen Sie ihr eine Spezialmischung, in die Sie ein paar getrocknete Veilchen für mehr Harmonie geben. Auch Kamille sorgt für eine friedliche Stimmung. Süßen Sie den Tee, um auch ihre Laune zu versüßen.

Wenn Sie es mit einer Kaffeetrinkerin zu tun haben, brühen

Sie trotzdem einen Tee aus einem der wirkungsvollen Kräuter und geben Sie nur ein paar Tropfen davon in ihren Kaffee. Sie wird das nicht bemerken, und die Menge ist auch ganz unwichtig, denn hier wirken die Schwingungen der Kräuter. Rühren Sie im Uhrzeigersinn um, wenn Sie positive, stärkende Energie erzeugen wollen, oder gegen den Uhrzeigersinn, wenn Sie Negativität abbauen möchten.

DER WINK MIT DEM OLIVENZWEIG

Zeichnen Sie ein Friedenssymbol auf ein Olivenblatt oder ein weißes Papier. Dabei visualisieren Sie das Gesicht Ihrer/s Vorgesetzten. Tupfen Sie ein bißchen Tipp-Ex auf das Blatt, um das Problem symbolisch zu beseitigen. Falten Sie das Blatt nun dreimal (drei ist die Zahl des Gleichgewichts von Körper, Seele und Geist), wickeln Sie es dabei um einen kleinen Malachit (den Stein können Sie auch weglassen). Tragen Sie es in Ihrer Brieftasche bei sich oder bewahren Sie es im Schreibtisch auf, bis die Lage sich gebessert hat. Dann verbrennen Sie das Blatt, während Sie dem Zauber Ihren Dank aussprechen, und heben den Stein in Ihrer Nähe auf, damit er weiterhin für positive Stimmung sorgt.

WERTSCHÄTZUNGS-AMULETT

Wenn Sie wollen, daß Ihr/e Vorgesetzte/r Ihre Anstrengungen deutlicher zur Kenntnis nimmt, sollten Sie dieses Amulett für sich anfertigen. Dazu benötigen Sie ein Stückchen Fichtenholz. Zeichnen Sie mit nichtentfernbarem Stift oder Farbe die Rune Dagaz (zwei auf der Seite liegende Dreiecke, deren Spitzen sich berühren) auf das Holz. Dagaz steht für Errungenschaften und gute Gelegenheiten; es ist sozusagen das »Carpe diem« unter den Runen. Während Sie sie zeichnen, sagen Sie:

Bescher guter Arbeit gebührendes Lob,
wenn ich lang und hart schufte in meinem Job.
Laß meine Talente erstrahlen ohne Frage,
wann immer ich dieses Holzstückchen trage.

Wenn Sie dieses Amulett nicht unbedingt um den Hals tragen wollen, bohren Sie einfach ein Loch hinein und hängen es an Ihren Schlüsselanhänger.

STIMMUNGSMAGIE

Ist Ihr Chef mal wieder schlecht gelaunt, unzufrieden, verstimmt? Fühlen sich deshalb auch alle anderen schlecht? Dann probieren Sie es vielleicht mit der folgenden aromatisch-magischen Unterstützung. Kochen Sie zu Hause einen Tee aus Wasser, einem Beutel Apfeltee (zum Glücklichsein), einem Beutel Earl Grey (um Negativität abzuwenden), einem Zweig Rosmarin (zur Heilung) und einem Zweig Basilikum (für Harmonie). Rühren Sie den Tee gegen den Uhrzeigersinn um, während Sie sagen: »*Unglück weiche, Unzufriedenheit schwinde!*« Rühren Sie dann im Uhrzeigersinn und sprechen Sie dazu Folgendes: »*Friede kehr zurück – und mit dir das Glück!*« Lassen Sie den Trank so lange ziehen, bis der Geruch sehr intensiv ist. Geben Sie ihn dann in ein dunkles, luftdichtes Gefäß, das Sie im Kühlschrank aufbewahren. Bei Gelegenheit stellen Sie es geöffnet an einem Ort auf, wo Ihr Chef viel Zeit verbringt.

Weitere Zaubertips

Um Ihr Urteilsvermögen zu stärken, essen Sie Äpfel oder Pfirsiche zu Mittag oder nehmen sich getrocknete Apfelringe als gesunden Snack mit ins Büro. Tragen Sie gelbe Sachen, um für eine fruchtbare Diskussion zu sorgen. Ein Malachit wird Ihnen geschäftlichen Erfolg bescheren, ein Achat oder eine Glasmurmel gibt Ihnen Mut.

Warten Sie für Ihre magischen Aktivitäten den zunehmenden Mond ab, wenn Sie das Gesprächsklima verbessern wollen, und den abnehmenden, wenn Sie Negativität abbauen möchten. Zaubersprüche und Glücksbringer, die Sie an einem Donnerstag benutzen, verleihen Ihnen Zielstrebigkeit und helfen beim Erfüllen von Vorgaben. Der Monat Januar liefert Ihnen Schutz, während der März sich besonders zum Überwinden von Schwierigkeiten eignet. Der April sorgt für günstige Gelegenheiten. Wenn der Mond in der Waage steht, wird man Sie an Ihrem Arbeitsplatz besonders fair behandeln.

Schutz vor Intrigen

Egal, wo man arbeitet, niemand von uns kann sich Büro-Intrigen oder dem ewigen Tratsch ganz entziehen. Beides erhöht nicht gerade die allmorgendliche Vorfreude auf die Arbeit. Mit ein bißchen Magie treten Sie dem Bürohengst, astrologisch gesehen, in den Hintern! Wenden Sie sich dazu an Maat, die ägyptische Göttin der Gerechtigkeit und der universal gültigen Gesetze. So wird am Ende, selbst wenn Sie zeitweise unter Intrigen zu leiden haben, die Gerechtigkeit siegen.

DER »ENDLICH SCHLUSS DAMIT!«-TALISMAN

Wenn Sie die Nase von Leuten voll haben, die lieber selber etwas erleben sollten, statt ihre Nase dauernd in Ihre Angelegenheiten zu stecken, hilft Ihnen dieser Talisman dabei, deren Aufmerksamkeit auf etwas anderes zu lenken. Sie brauchen dazu eine scharfe Nadel und einen kleinen Spiegel, zum Beispiel aus einer alten Puderdose. Es funktioniert aber auch mit jeder anderen glattpolierten Oberfläche, etwa mit einem metallischen Stift. Die glänzende Oberfläche reflektiert unerwünschte Energie.

Warten Sie ab, bis der Mond abnimmt, dann werden auch Ihre Probleme zu einem Nichts zusammenschrumpfen. In die glatte Oberfläche ritzen Sie mit der Nadel die Rune, die Schutz symbolisiert (ein Y mit einer nach oben etwas verlängerten Mittellinie). Dabei sagen Sie:

Fort mit dir, Negativität.
Ungefragte Aufmerksamkeit, schwinde.
Tratsch und Intrigen, zerstreut Euch
mit diesem Talisman in alle Winde.

Deponieren Sie den Talisman unbemerkt an einem Ort, wo viel geplaudert wird oder wo Ihrer Ansicht nach die Quelle des Übels sitzt. Wenn Sie diesen Zauber noch mit ein bißchen Hosentaschenmagie unterstützen wollen, fertigen Sie sich einfach zwei Talismane an und tragen Sie einen immer bei sich.

ABLENKUNGSMANÖVER

Manchmal ist die beste Methode, um zu verhindern, daß Sie in eine unerwünschte Gruppendynamik hineingezogen werden, die Aufmerksamkeit des Betreffenden auf etwas anderes zu lenken. Für diesen Zauber brauchen Sie ein wenig von Ihrem Lieblingsparfum und einen alten Schlüssel. Versprühen Sie ein bißchen von dem Duft um Ihren Arbeitsplatz herum. Visualisieren Sie dabei Streifen von weißem Licht, die die Duftspritzer miteinander verbinden. So wie viele Tiere ihr Territorium markieren, grenzt das Ihren Bereich symbolisch und metaphysisch ab; für jeden, der hier eindringt, ohne willkommen zu sein, stellt das eine machtvolle Herausforderung dar.

Als nächstes geben Sie vier Tropfen Parfum auf den Schlüssel und murmeln dabei eine Beschwörungsformel wie die folgende:

Ich zähle bis vier und schließe meine Tür.
Ich zähle bis drei, halt fern dich von mir.
Ich zähle bis zwei – Maats Zauber sei dabei.
Ich zähle bis eins, dies Reich ist meins.

Bewahren Sie diesen Glücksbringer in einer Schreibtisch-Schublade oder in Ihrer Hosentasche auf. Jedesmal, wenn Sie das Gefühl haben, jemand wolle Sie in ein unproduktives Geplänkel verwickeln, drehen Sie den Schlüssel in Ihrer Tasche um, so daß dessen Aufmerksamkeit sich etwas anderem zuwendet.

GERÜCHTEKÜCHENDIENST

Wenn die Gerüchteküche rund um die Uhr brodelt, ist es irgendwann einfach genug. Wenn Ihre Toleranzgrenze, was unproduktive, irreführende und manchmal verletzende Konversation angeht, überschritten ist, schalten Sie sie auf zauberische Weise ab. Dazu nehmen Sie einen Kugelschreiber, Bleistift oder irgend etwas, das sich als Zeigestab eignet, und deuten damit auf die Quelle des Übels. In Gedanken wiederholen Sie dabei siebenmal:

Maat, mach dem Gerede ein Ende.
Wahrheit, durchdringe Raum und Wände.

Während Sie sich diesen Satz vorsagen, visualisieren Sie Lichtstrahlen, die von der Spitze Ihres Stifts ausgehen und das Herz des Übeltäters durchdringen. Das ist eine Art mystisch-moralischer Appell an das Gewissen dieses Menschen.

WAFFENSTILLSTANDS-AMULETT

Wollen Sie Spannungen und Feindseligkeiten in Ihrem Büro beseitigen? Da ist ein Friedensamulett genau das Richtige. Für diesen Bann brauchen Sie ein weißes Blatt Papier, das als Parlamentärsflagge fungiert. Zeichnen Sie darauf mit Ihrem Eau de Cologne das Friedenszeichen. Das steht für Ihren Willen zur Verständigung. Falten Sie das Blatt mit der Zeichnung nach innen dreimal zusammen, während Sie sagen:

Friede soll herrschen statt Gemeinheit.
Diesen Wunsch übergebe ich des Feuers Reinheit.

Verbrennen Sie das Papier in einem Aschenbecher und tragen Sie die Asche bei sich, bis sich das Problem gelöst hat. Danach streuen Sie sie in den Wind, um den neuen Frieden mit aller Welt zu teilen.

WENN SCHON, DENN SCHON

Manchmal kommt man um Bürointrigen einfach nicht herum. Wenn dieser Fall eintritt, bedienen Sie sich der Magie, damit Sie so effektiv wie möglich handeln können. Für diesen Zauber empfehle ich eßbare Zutaten, um die Energie im wahrsten Sinne des Wortes in sich aufzunehmen. Wenn möglich, nehmen Sie diese Stärkung zu sich, wenn der Mond im Widder steht, denn das stärkt Ihre Führungsqualitäten und Ihren Mut.

Bevor Sie zur Arbeit gehen, sollten Sie folgende Dinge trinken und essen: Traubensaft zur Stärkung Ihrer geistigen Fähigkeiten, einen mit Ingwer- und Zimtpulver bestäubten Toast für viel Energie, schwarze Johannisbeeren zu Ihrem Schutz und ein Glas Milch, das die Göttin symbolisiert. Sagen Sie einen Dankspruch, um ihre Hilfe zu gewinnen, und verzehren Sie Ihr Frühstück voller Erwartung.

 Weitere Zaubertips

Wenn Sie die intern verwendeten Notizzettel mit Lavendel-, Rosen- oder Veilchenduft parfümieren, sorgt das für eine friedliche Kommunikation. Beliebige Kleinigkeiten in der Farbe blau fördern die Harmonie im Betrieb. Versüßen Sie Gespräche durch von Ihnen verzauberte und mit Energie geladene Kekse.

Neumond ist der ideale Zeitpunkt, um Probleme endgültig zu beseitigen und ad acta zu legen. An Freitagen verbessern magische Rituale Beziehungen aller Art. Der Monat August ist prädestiniert für Übereinkünfte und Geschlossenheit. Und wenn der Mond im Wassermann steht, vergrößert das den guten Willen.

Effektivitäts-Zauber

Effizienz ist etwas, wovon wir alle gar nicht genug haben können. Sie hilft, alles Wichtige rasch zu erledigen, damit mehr Zeit für Spaß und Entspannung bleibt! Im Beruf geht alles glatt, wenn man kompetent und produktiv ist. Krisen und Streß bleiben einem erspart. Und für Workaholics bedeutet das: weniger Panikattacken.

Wenn Organisation und Disziplin erforderlich sind, rufen Sie am besten Eunomia an, die griechische Göttin der Ordnung.

PFEIFEN SIE AUF DIE ARBEIT

Unterschätzen Sie niemals die Macht der Musik, einerseits als universelle Sprache, andererseits als Medium für die Energie der Göttin. Suchen Sie sich ein paar Stücke aus, die Sie aufmuntern, Ihnen ein gutes Gefühl geben und Sie motivieren. Lernen Sie den Text von jeweils mindestens einer Strophe. Jedesmal, wenn Sie das Gefühl beschleicht, mit etwas nicht fertigzuwerden oder Sie sich absolut überfordert fühlen, summen oder pfeifen Sie eine dieser Melodien. Mir selbst helfen zum Beispiel New Age Songs wie ›Tallis the Messenger‹ (von David Arkenstone), Klassik wie die ›Carmina burana‹ und Lieder mit magischer Konnotation wie ›All Soul's Night‹ (von Loreena McKennitt). Damit arbeite ich effektiver und bin wieder besser gelaunt. Sobald Sie es einmal ausprobiert haben, wird diese Musik Sie immer begleiten. Das ist doch der perfekte Zauber für ein klein wenig Extra-Energie zu jeder Zeit!

ORGANISATIONS-OGHAM

Ogham ist eine altirische Schrift aus der Zeit der Kelten, in der jedes Symbol für einen Baum mit einer bestimmten Bedeutung steht. Ogham war ein Pflichtfach für angehende Druiden, die es zu echter Meisterschaft bringen wollten, und es ist zugleich das perfekte Symbol methodischer Magie. In diesem Fall benutzen wir das Zeichen für »Apfelbaum«: eine vertikale Linie, an die links fünf waagrechte Linien im gleichen Abstand zueinander angefügt werden. Der Apfel symbolisiert die Selbstbeherrschung, bei der keine Energie verschwendet wird.

Schneiden Sie dazu einen Apfel quer durch, so daß das Pentagramm des Kerngehäuses sichtbar wird. Nun schneiden Sie sich von einer Hälfte eine dicke Scheibe ab, so daß man den magischen Stern in der Mitte gut erkennt. Ritzen Sie mit einem Zahnstocher das Apfel-Ogham viermal (einmal für jede Himmelsrichtung) in die Apfelscheibe. Dazu wiederholen Sie viermal die folgende Beschwörung:

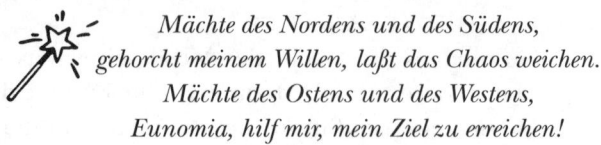

Mächte des Nordens und des Südens,
gehorcht meinem Willen, laßt das Chaos weichen.
Mächte des Ostens und des Westens,
Eunomia, hilf mir, mein Ziel zu erreichen!

Heben Sie die Apfelscheibe an einem kühlen, trockenen Ort auf, bis sie vollständig getrocknet ist, dann überziehen Sie sie mit Klarlack. Tragen Sie diesen Talisman bei sich, wann immer Sie neue Strategien entwickeln müssen. Wenn Sie im frischen Zustand ein Loch hineinbohren, können Sie ihn an einer Schnur um den Hals tragen, ihn ins Fenster hängen oder aus mehreren mit verschiedenen Symbolen eine Adventsdekoration basteln.

ALLESKÖNNER-ZAUBER

Suchen Sie sich einen quadratischen Gegenstand, der sich während der Arbeit in Ihrer Nähe befindet – ein Mousepad, einen Briefbeschwerer oder eine Gürtelschnalle zum Beispiel. Das Quadrat steht für Ordnungssinn und gute Grundlagen. Nehmen Sie dieses Objekt zu Mittag in die Hand, um Logik und Fortschritt zu fördern. Visualisieren Sie, wie das goldene Sonnenlicht es erfüllt, während Sie sagen:

Göttliche goldene Sonnenstrahlen,
laßt meine Kompetenz
und mein Können erstrahlen.

Falls Sie einen Talisman zum Mitnehmen für denselben Zweck möchten, suchen Sie sich einen quadratischen Stein, den Sie genauso mit Zauberkraft laden.

PRODUKTIVITÄTS-DRINK

Besorgen Sie sich bei zunehmendem Mond eine Zwei-Liter-Flasche Ginger Ale (für übersprudelnde Energie). Geben Sie eine Gewürznelke (für gutes Urteilsvermögen), einen Teelöffel Kokosnuß-Aroma (für mehr Flexibilität) und einen Spritzer Zitronensaft (für mehr Klarheit) hinein. Schrauben Sie die Flasche fest zu und halten Sie sie gen Himmel, während Sie murmeln:

Eunomia,
schenk diesem Zaubertrank Segen,
dann kann ich klar denken und mich regen.
Produktivität stelle sich ein,
wenn ich trinke von diesem magischen Wein.

Nehmen Sie immer einen kleinen Schluck von diesem Drink, bevor Sie sich an eine neue Aufgabe machen, für die Sie einen Extra-Energieschub brauchen können. Genausogut können Sie ein paar Gewürznelken, eine Prise Kokosraspeln und getrocknete Zitronenschale in ein Zaubersäckchen geben, das Sie mit ein wenig Ginger Ale betupfen. Geben Sie das Säckchen in Ihr Auto, Ihren Koffer, Ihre Aktenmappe oder wo auch immer Sie es brauchen.

Weitere Zaubertips

Versehen Sie Notizzettel oder Pinnwände mit Zauberduft. Ritzen Sie auf die Rückseite Ihrer Uhr ein magisches Zeichen, wie zum Beispiel die Rune *Raido* ein. Dieses »R«, bei dem die Rundung spitz verläuft, steht für das erfolgreiche Koordinieren vieler verschiedener Elemente und wird dafür sorgen, daß Sie immer pünktlich sind. Alle Gegenstände in sattem Braun symbolisieren eine solide Basis. Kristalle wie Blutstein und Malachit sorgen für geschäftlichen Erfolg.

Legen Sie Ihre Termine wenn möglich so, daß Sie Arbeiten bei Vollmond abschließen können. Zauberrituale an Dienstagen verbessern Ihre Fähigkeiten. Im Juli haben Sie besonders viel Selbstbeherrschung. Und wenn der Mond in der Jungfrau steht, ist es Zeit für alles Praktische.

Beförderungs-Förderer

Schon lange keine Beurteilung durch Ihren Chef mehr gehabt? Wünschen Sie sich, Ihre Vorgesetzten würden Ihre Fähigkeiten mehr schätzen? Sind Sie es leid, immer nur Makkaroni und Käse zu essen? Wenn Sie schon längst überfällig für eine Beförderung oder Gehaltserhöhung sind, ist es Zeit, sich über Ihren Ideenkessel zu beugen und ein paar kreative Zaubereien herauszufischen.

Für einen Beförderungszauber rufen Sie am besten die römische Göttin Fortuna an, die für alle Glücks- und Schicksalsangelegenheiten zuständig ist. Ihre Farbe ist Gold und ihr Symbol ist das Rad. Das bedeutet, daß Sie mit einer goldenen Münze oder einem goldenen Ring Fortunas Aufmerksamkeit wecken können.

Essen Sie sich hoch!

Eine Woche vor dem entscheidenden Termin, bei dem Sie beispielsweise nach einer Gehaltserhöhung fragen, sollten Sie beginnen, sich »hinaufzuessen«. Dazu bauen Sie in Ihr Mittagessen Speisen und Getränke ein, deren Energien Wohlstand fördern: zum Beispiel alle Säfte aus Beeren (die für den Reichtum der Natur stehen), Blattgemüse und Salat (weil sie die Struktur von Geld symbolisieren) und Feinschmecker-Leckereien (die man sich normalerweise nur dann leistet, wenn man gerade besonders gut bei Kasse ist). Richten Sie vor dem Essen Ihre persönliche Bitte an Fortuna oder benutzen Sie folgende Formel:

> *Fortuna, Herrin des ewig kreisenden Rads,*
> *sieh meine Not,*
> *befrei mich vom Druck, bring alles ins Lot,*
> *und schenk mir Geld in Hülle und Fülle!*

Unterstützen Sie diesen Zauber, indem Sie etwas Grünes tragen (das können auch grüne Strümpfe oder grüne Wäsche sein) und sich mit Vetiver-Öl einparfümieren, das Reichtum anzieht und positive Veränderungen auslöst.

Schutzamulett für Ihren Job

Machen Sie sich Sorgen, daß Sie auf Kurzarbeit gesetzt, degradiert oder entlassen werden könnten? Mit diesem Talisman schützen Sie sich vor Veränderungen dieser Art. Vielleicht können Sie Ihren Status durch den Zauber sogar verbessern. Beginnen Sie damit in der letzten Nacht einer Vollmondphase. Suchen Sie sich einen kleinen Gegenstand aus, der Ihre Position symbolisiert, und ein Stück weißen Stoff. Legen Sie beides ins Mondlicht. Das wird das Amulett aufladen, so daß Sie reifliche Einsichten daraus gewinnen können. In der darauffolgenden Nacht stellen Sie sich mit dem Stoff und dem Talisman in der Hand ins Mondlicht und sagen:

Unglück, bleibe mir fern,
Wohlstand, dich sehe ich gern.
Mein Job sei sicher vor aller Gefahr.
Fortuna, sei mir allzeit nah.

Wickeln Sie das Amulett in den Stoff und tragen Sie es bei sich oder bewahren Sie es dort auf, wo Sie sich während der Arbeit die meiste Zeit aufhalten. Diesen Zauber können Sie für viele verschiedene Bedürfnisse umfunktionieren, zum Beispiel wenn Sie eine echte Pechsträhne erlebt haben. Suchen Sie sich dann einfach ein Objekt, das für Sie den Zufall symbolisiert. Die Beschwörung formulieren Sie dann ebenfalls entsprechend um, etwa so:

Unglück, bleibe mir fern,
nur wahres Glück seh' ich gern.
Fortuna, schenk mir mit diesem Talisman
deine Gunst.

GLÜCKSFETISCH

Für diesen Glücksbringer brauchen Sie eine runde Brosche mit einem grünen Stein oder aus goldfarbenem Metall. Die runde Form symbolisiert Fortuna, während Grün und Gold die Schwingungen des Reichtums ausstrahlen. Wenn möglich, präparieren Sie Ihren Fetisch kurz vor Mitternacht, bei zunehmendem Mond im Monat April, weil dann eine Wende zum Besseren am wahrscheinlichsten ist. Nehmen Sie das Schmuckstück in die Hand und umschließen Sie es mit beiden Händen. Beginnen Sie leise mit geschlossenen Augen zu sprechen:

> *Wohlstand, Glück und Fortunas Macht,*
> *erfüllen meinen Fetisch in dieser Nacht.*

Wiederholen Sie diesen Satz bis Mitternacht und lassen Sie Ihre Stimme dabei immer lauter werden. Mit dem zwölften Schlag der Uhr verstummen Sie. Tragen Sie die Brosche, wann immer Sie meinen, ein bißchen Extra-Geld oder -Glück gebrauchen zu können.

DAS ERKLIMMEN DER KARRIERELEITER

Wenn Sie in Ihrem Büro oder irgendwo in der Nähe eine Treppe haben, wird Ihnen dieser kleine verstärkende Zauber helfen, Ihre Karrierechancen zu verbessern. Jedesmal, wenn Sie die Stufen hinaufgehen, sagen Sie sich im Geiste eine Beschwörung wie die folgende vor:

> *Ich steige hinauf zu meinem Glück!*
> *Alle Neider laß ich zurück.*
> *Erfolg, Reichtum und Ruhm – eher will ich nicht ruh'n.*

Die Aufwärtsbewegung symbolisiert den Aufstieg und fördert Ihre magische Konzentration. Diese Art von Zauber hilft auch bei der Überwindung von Schwierigkeiten. Sie können das Ganze ebensogut umdrehen, wenn Sie die Treppen hinuntergehen und dabei an Ziele denken, die damit zu tun haben, Negatives aufzugeben oder die Vergangenheit loszulassen.

WOHLFÜHL-DRINK

Sind Sie auf der Suche nach einem Stärkungstrunk? Dazu können Sie jeden beliebigen Saft verwenden, den Sie gerne trinken. Magisch betrachtet fördert Saft Ihr Wohlbefinden, Ihre körperliche Gesundheit und Ihr Glücksempfinden. Reichern Sie ihn noch mit einer kleinen produktiven Visualisierung an, bei der Sie Ihr Glas mit goldenem Sonnenlicht, das den Segen der Göttin symbolisiert, gefüllt sehen. Nehmen Sie anschließend das Glas in die Hand und sprechen Sie folgenden Wunsch:

Süß schmecken es meine Lippen,
Wohlbefinden und auch Entzücken.
Durch meinen Körper geht ein Ruck,
ich spür' das Gute in jedem Schluck!

Gönnen Sie sich morgens und abends ein Glas davon und wiederholen Sie jeweils den Spruch, bevor Sie Ihren Zaubertrank schlürfen.

 Weitere Zaubertips

Wenn es um Gehaltserhöhungen geht, spielen Münzen und Scheine bei den Zauberritualen eine entscheidende Rolle. Drehen Sie zum Beispiel, wenn Sie den zunehmenden Mond zum ersten Mal wieder sehen, eine silberne Münze in Ihrer Tasche, um mehr Geld anzulocken. Schreiben Sie Ihren Wunsch nach Reichtum auf einen Spielgeld-Schein und verbrennen Sie ihn zusammen mit ein paar getrockneten Eichenblättern. Der Rauch wird Ihren Wunsch mit sich tragen und die entsprechende Energie freisetzen. Sie können auch Ihr Portemonnaie beschwören, so daß es mehr Geld anzieht.

Was das Timing angeht, ist der Vollmond zu empfehlen, weil

er sowohl für Fülle als auch für Erfüllung steht. Der Samstag eignet sich gut, um die Früchte harter Arbeit zu ernten. Prädestiniert für positive Veränderungen ist der Oktober. Der Mond im Stier sorgt für Überfluß.

Magie auf der Straße

Die Welt ist ein großes Buch,
in dem diejenigen,
die immer Zuhause sitzen,
nur eine Seite lesen.

AUGUSTINUS

*W*ie oft sind Sie schon verspätet oder entnervt irgendwo angekommen, weil es unterwegs Probleme gab? Sind Ihre Zimmerreservierungen schon mal völlig verkehrt gewesen oder haben Sie eine falsche Wegbeschreibung bekommen? In unserer mobilen Gesellschaft ist Magie zum Mitnehmen besonders wichtig und nützlich. Egal, ob Sie nur zwei oder zweihundert Kilometer zurückzulegen haben – unter dem Schutz der Göttin können Sie dabei viele Probleme umfahren.

Geben Sie ein Amulett in Ihren Aktenkoffer, hängen Sie einen Talisman in den Kofferraum, basteln Sie sich einen Fetisch für den Fußraum und ein Zaubersäckchen für Ihren Koffer. Von dem Augenblick an, in dem Sie aus welchem Grund auch immer das Haus verlassen, halten Sie sich an die Göttin und ihre Magie, und zwar besonders dann, wenn die Fahrt turbulent wird. Sie wird dafür sorgen, daß Sie sicherer und weniger gereizt unterwegs sind – egal in welchem Verkehrsmittel!

Talismane für unterwegs

Wenn Sie auf Reisen gehen, bleibt die göttliche Energie in Ihrem Zuhause, um es zu beschützen, aber sie kann Sie auch begleiten. Lassen Sie sich nicht von der Einfachheit eines Rituals oder Zauberspruchs täuschen – nur weil etwas unkompliziert ist, heißt das nicht, daß es keine Wirkung hätte. Und schließlich ist es doch so: Wenn die Reisemagie so einfach ist, bleibt Ihnen mehr Zeit, um die Energie zu lenken, die Sie erzeugen – und um Spaß zu haben! Als hilfreiche Göttin kommt Artemis in Frage, an die sich schon Reisende im alten Griechenland wandten, wenn sie sich gutes Reisewetter wünschten, oder Hina, die polynesische Schöpfergöttin und Schutzpatronin der Reisenden. Artemis ruft man am besten mit Eicheln an; Hina fühlt sich von jedem zweiseitigen Objekt angesprochen.

Ein X als Markierung

Wenn Sie Gelegenheit haben, eine Reise ins Blaue zu unternehmen, ist eine Wünschelrute eine gute Möglichkeit, um magische Ziele zu finden. Suchen Sie sich einen Zweig, der wie ein Y geformt ist, am besten aus Haselnuß-, Weiden-, Apfelbaum- oder Ahornholz, und breiten Sie eine Landkarte der Umgebung aus. Nehmen Sie jeweils ein kurzes Ende des Zweiges in eine Hand. Treten Sie ein bißchen von der Karte zurück, so daß das lange Ende des Zweiges parallel darüber schwebt. Schließen Sie jetzt die Augen und sagen Sie:

> *Abenteuer, Spaß, Vergnügen,*
> *so ein Ort soll mir genügen.*
> *Hina, führe meine Hand,*
> *mit diesem Stöckchen übers Land!*

Neigen Sie den Zweig abwärts, bis seine Spitze die Karte berührt. Öffnen Sie die Augen und sehen Sie sich Ihr Ausflugsziel an!

Wenn Sie von Ihrem Hotelzimmer aus einen interessanten Ort suchen und dann wahrscheinlich keinen Zweig zur Hand haben, behelfen Sie sich mit einem Stift, den Sie mit geschlossenen Augen über die Karte halten. Bewegen Sie Ihre Hand im Uhrzeigersinn, bis Sie den Zauberspruch beendet haben, dann senken Sie den Stift auf die Karte. Die Stelle, an der er landet, ist der Ausgangspunkt Ihres Abenteuers.

SICHERHEIT HAT VORRANG

Was vielen Reisenden Sorgen macht, ist die Frage, ob sie auch sicher ankommen. Auch wenn Sie Vertrauen in Ihr eigenes Können, das des Busfahrers oder Piloten haben, trauen Sie »den anderen« am Steuer nicht unbedingt. Ausgeraubt zu werden oder in einem Erdbebengebiet zu campieren, gehört nicht zu den Vorstellungen, die die meisten Menschen von einem gelungenen Urlaub haben.

Um sich auf magische Weise zu schützen, besorgen Sie sich einen kleinen Spiegel, der in eine Hosentasche, Brieftasche oder Fototasche paßt. Halten Sie den Spiegel in Ihren Händen und drehen Sie ihn dreimal gegen den Uhrzeigersinn, während Sie bei jeder Umdrehung folgende Beschwörung murmeln:

Halt Zwickmühlen fern
und mir vom Hals alles Böse,
wende Übel ab, Probleme für mich löse.

Dann drehen Sie den Spiegel dreimal im Uhrzeigersinn und sagen dazu:

Artemis, glänz in diesem Spiegelein,
dann wird Sicherheit auf meiner Seite sein.

Jedesmal, wenn Sie es für angebracht halten, berühren Sie den Spiegel und wiederholen die Beschwörungen.

LEBEN SIE WIE EIN KÖNIG MIT DEM BUDGET EINES BAUERN

Menschen wie du und ich können es sich finanziell meistens nicht leisten, sich so richtig verwöhnen zu lassen, nicht mal im Urlaub. Doch mit ein bißchen magisch inspiriertem Glück können auf Ihren Reisen Dinge geschehen, die dafür sorgen, daß Sie sich wie ein König oder eine Königin fühlen. Entweder finden Sie ein bißchen Extra-Geld, bekommen ein besseres Zimmer im Hotel, ein Gratisessen, weil Sie der tausendste Gast eines Restaurants sind, oder Sie haben sonstwie unerwartet Glück.

Sie brauchen sieben kleine Türkise und ein Säckchen oder Döschen, in dem Sie sie aufbewahren können. Setzen Sie die Steine sieben Stunden lang dem Licht des Vollmonds aus. Danach nehmen Sie sie in die Hand und sagen:

Glück komm schnell, Glück sei mir hold,
siebenmal Glück und einmal Gold!

Nehmen Sie die Steine mit auf Reisen, und wann immer Sie das Gefühl haben, ein bißchen Extra-Glück zu brauchen, werfen Sie eines der Steinchen in ein fließendes Gewässer oder einen sprudelnden Brunnen, während Sie sich etwas wünschen.

OH, MIST!

Wenn Sie in eine Situation geraten, die Frust oder unnötige Spannungen erzeugt, probieren Sie es mal mit diesem Fetisch. Sie brauchen dazu ein kleines Stoffsäckchen, das man oben zuziehen kann, am besten aus natürlichem Material wie Baumwolle oder Leinen. Weiß, die Farbe des Schutzes, wäre am besten, es funktioniert aber auch mit anderen Farben. Gehen Sie in einen Park oder Wald und suchen Sie sich eine Eiche, von der Sie dreizehn (so viele Monate hat das Mondjahr) Eicheln sammeln. Nehmen Sie die Eicheln eine nach der anderen in die Hand und lassen Sie sie in den Beutel fallen. Dabei sprechen Sie eine Beschwörung, die jeder Eichel die Erfüllung eines bestimmten Wunsches zuweist, zum Beispiel die folgende:

Eins, von dir wünsche ich mir Freude.
Zwei, von dir wünsche ich mir, daß alles glatt geht.
Drei, von dir wünsche ich mir Entspannung.
Vier, von dir wünsche ich mir Komfort.
Fünf, von dir wünsche ich mir Ruhe.
Sechs, von dir wünsche ich mir nette Reisegefährten.

Sieben, von dir wünsche ich mir gutes Wetter.
Acht, von dir wünsche ich mir Sicherheit.
Neun, von dir wünsche ich mir Spaß.
Zehn, von dir wünsche ich mir Abenteuer.
Elf, von dir wünsche ich mir gute Verkehrsverbindungen.
Zwölf, von dir wünsche ich mir ein Reise voller schöner Erinnerungen.
Artemis segne diese Glücksbringer – wenn ich sie in die Erde drück',
laß Magie wachsen und schenk mir Glück!

Variieren Sie Ihre Wünsche den Umständen entsprechend. Tragen Sie die Eicheln immer bei sich und pflanzen Sie immer nur eine pro Monat ein – außer in einem akuten Notfall.

Ein guter Zeitpunkt, um diese Glücksbringer zu sammeln, ist Silvester oder der Neujahrstag, wobei ersterer eine längere Tradition hat.

Dann wird der Zauber Sie das ganze Jahr hindurch begleiten. Abnehmender Mond ist aber auch gut, weil dann die Sorgen gleich mit verschwinden.

BITTE NICHT STÖREN!

Ich kann Ihnen gar nicht sagen, wie oft ich schon in einem Hotel gewohnt habe, wo entweder andere Gäste lärmten oder Leute aus Versehen in mein Zimmer kamen und mich aus den schönsten Träumen rissen. Um diese Art von Störungen zu unterbinden, benutzt man einfach das »Bitte nicht stören!«-Schild als Zauberutensil.

Geben Sie einen Tropfen Ihres Parfums auf Ihren Zeigefinger und zeichnen Sie damit das Friedenszeichen auf das Schild. Ziehen Sie es mehrmals mit dem Finger nach und visualisieren Sie dabei, wie es in weißem Licht »erglüht«. Wenn das Schild soviel Energie absorbiert hat wie möglich (es fühlt sich dann vielleicht warm in Ihrer Hand an), hängen Sie es, begleitet von folgendem Zauberspruch, an die Tür:

Ruhe und Frieden, daß keiner mich störe.
Schenk mir Schlaf, in dem ich nichts höre.

Als Taschenzauber können Sie Ihren Zimmerschlüssel ähnlich präparieren. Ändern Sie nur den Spruch entsprechend, zum Beispiel so:

Stör mich nicht, bleib mir fern.
Ruhe hätt' ich heute gern.

Solange Sie diesen Schlüssel bei sich tragen, wird er eine magische Schutzzone um Sie herum bilden, die Ihnen jede unerwünschte Gesellschaft vom Leib hält.

VERWICKLUNGEN ENTWIRREN

Drohen Ihre Reisepläne an bürokratischen Verwicklungen zu scheitern, oder stehen Sie damit vor dem sprichwörtlichen Berg von Problemen? Versuchen Sie es mit folgendem Zauberritual, um die Hindernisse zu überwinden. Sie brauchen dazu ein paar rote Bindfäden oder Stoffstreifen. Nehmen Sie sie in Ihre rechte Hand und konzentrieren Sie sich ganz auf die Schwierigkeiten, die Sie gerade haben. Übertragen Sie die Anspannung auf die Bindfäden oder Streifen.

Dann öffnen Sie die Hand und nehmen die Fäden oder Streifen nacheinander heraus, während Sie jeweils folgende Beschwörung wiederholen: »*Sorge ade, Schwierigkeit geh. Fäden entwirren läßt Probleme entschwirren.*« In einem Aschenbecher verbrennen Sie dann alle Fäden oder Stoffstreifen und die Probleme gleich mit.

Geben Sie die Asche in ein Säckchen oder ein anderes Behältnis. Wann auch immer die Lage wieder verwickelt zu werden droht, streuen Sie eine Prise der Asche in den Wind. Er wird auch die Schwierigkeiten mit sich forttragen.

KOMM, LIEBE SONNE, SCHEINE

Niemand wünscht sich verregnete Ferien. Ich erinnere mich, einmal im Urlaub in Oregon ein T-Shirt mit folgender Aufschrift gekauft zu haben: »Die Leute in Oregon werden nicht braun, sie rosten!« Das war für meinen damaligen Aufenthalt noch untertrieben.

Um sich gegen schlechtes Wetter zu schützen, tragen Sie eine Knoblauchzehe bei sich, die Sie in ein sonnengelbes oder goldenes Stückchen Stoff einwickeln. Geben Sie diesem Talisman Kraft mit folgendem Reim:

> *Regen, Regen, bleib nur fort.*
> *Komm nicht so bald wieder.*
> *Blauer Himmel, bleib doch hier,*
> *du bist mir viel lieber.*

Berühren Sie den Glücksbringer und wiederholen Sie den Vers, wann immer Wolken Ihnen den Tag zu verregnen drohen.

POWER SHOPPING

Es gibt doch nichts Befriedigenderes, als im Urlaub hübsche Souvenirs und Kleinigkeiten zu fairen Preisen zu entdecken. Dieses Amulett ist für Reisende gedacht, die auf die Urlaubskasse schauen und trotzdem Qualität kaufen wollen. Dazu benötigen Sie zwei gefundene Pfennige und ein Stückchen Malachit (für ein gutes Geschäft) und ein Stückchen grünen Stoff (die Farbe des Geldes, zum Beispiel in den USA). Basteln Sie sich dieses Amulett bei Vollmond, damit Ihre Taschen auch gefüllt bleiben.

Wickeln Sie die Münzen und den Stein in den Stoff und fassen Sie die beiden Pfennige mit Daumen und Zeigefinger Ihrer rechten Hand. Nun sagen Sie:

> *'nen Pfennig gefunden, 'nen Pfennig gespart,*
> *Geld zu sparen ist meine Art.*
> *Alles das, was mir gefällt,*
> *kaufe ich für wenig Geld.*

Tragen Sie diesen Talisman immer bei sich, wenn Sie auf Schnäppchenjagd gehen. Nach etwa drei Monaten sollten Sie die Pfennige in einen Wunschbrunnen werfen und den Zauber mit anderen erneuern. Das Geld, das an solchen Orten zusammenkommt, geht meist an Wohltätigkeitsorganisationen – so erfüllt Ihr Glück auch noch einen guten Zweck. (Weil jeweils zwei Pfennig aber natürlich nicht sehr viel sind, können Sie ja auch einen etwas größeren Betrag spenden, wenn das Glück Ihnen schon so hold ist.)

 Weitere Zaubertips

Alles, was Sie üblicherweise einpacken, wenn Sie auf Reisen gehen, kann zum Bestandteil eines wirkungsvollen Zaubers werden. Benutzen Sie die kleinen Reise-Shampoo-Fläschchen, um alles Negative wegzuwaschen. Mit einem Reisebügeleisen können Sie Mißstimmungen glätten. Ein Säckchen mit stimmungsaufhellenden aromatischen Kräutern ist in Ihrer Reisetasche gut aufgehoben. Die Tickets sollten Sie mit schützendem Aromaöl, etwa Myrrhe oder Patschuli, parfümieren.

Sobald Sie am Ziel Ihrer Reise angekommen sind, sollten Sie Ihr Zimmer mit einem ebenso kreativen Blick betrachten. Der Eiswürfelbehälter kann Ihnen beispielsweise helfen, ein erhitztes Gemüt zu kühlen. Die Duschhaube könnte in einem Ritual gegen schlechtes Wetter Verwendung finden. Was das Timing betrifft, gewährt der Mittwoch besonderen Einfallsreichtum.

Verirrt, verloren und gefunden

Dieses Kapitel hilft Ihnen, wenn Sie eine geplante Route aus welchen Gründen auch immer nicht fahren können. Außerdem hilft es Ihnen, wenn Sie zum Beispiel »die letzte Ausfahrt Brooklyn« versäumt haben. Und schließlich und endlich zeigt es Ihnen noch, wie Sie verlorene Geldbörsen und andere persönliche Ge-

genstände wiederfinden, die man ja grundsätzlich im allerun-
passendsten Moment zu verlegen pflegt, zum Beispiel dann,
wenn es im Restaurant ans Zahlen geht.

Göttlichen Beistand können Sie sich von der griechischen Göttin Gaia erhoffen, die über alles Bescheid weiß, was auf der Welt
vor sich geht, und auch für Prophezeiungen zuständig ist. Sie
wird also wahrscheinlich wissen, wo Sie hingehen oder suchen
müssen und was, wenn überhaupt, Sie dort finden werden! Als Alternative können Sie sich auch an die römische Göttin Ops wenden – Glück und günstige Gelegenheit sind ihr Terrain.

DER WEITE WEG NACH HAUSE

Plötzlich stellen Sie fest, daß »Ihre« Ausfahrt gesperrt, Ihr An-
schlußflug ausgefallen oder die übliche Route des Busses, den Sie
immer nehmen, geändert wurde. Was nun? Mit der Magie der
Göttin in der Tasche ist noch nicht alles verloren. Basteln Sie sich
diesen Talisman und halten Sie ihn für solche Gelegenheiten bereit.

Sie benötigen dazu Pflanzensamen (Ops ist nämlich auch für
die Saat zuständig), die Sie in ein verschließbares Gefäß geben. Bei
zunehmendem Mond verzaubern Sie es mit folgenden Worten:

Ops, verleih mir deine Magie,
führ mich zurück zur Harmonie.
Damit ich ohne großes Chaos,
mein Ziel erreiche,
mit Flugzeug, Bahn, Auto oder Bus.

Wenn Sie anfangen, Probleme zu bekommen, verfüttern Sie einfach ein paar der Samen an Vögel, die dann Ihre Wünsche auf
ihren Flügeln mitnehmen. Danach können Sie beginnen, Ihre
Optionen zu erkunden. Füllen Sie das Gefäß nach Bedarf wieder
auf.

Hier sieht es so anders aus...

Sie fahren vor sich hin, suchen nach Orientierungspunkten und erkennen, daß nichts zu der Wegbeschreibung paßt, die man Ihnen gegeben hat. Sie haben sich verfahren, und wenn Sie soviel Glück haben wie ich meistens, ist weit und breit keine Tankstelle oder Raststätte zu sehen. »Vertrauen ist gut – Vorsorge ist besser«, deshalb sollten Sie diesen Zauber vor der nächsten Autofahrt aktivieren, damit Ihnen so etwas erst gar nicht passiert oder Sie zumindest schnell wieder aus dem Schlamassel herauskommen.

Als Fokus schlage ich Ihnen etwas vor, das Sie immer im Auto dabeihaben, Ihren Fahrzeugschein oder Ihre Versicherungskarte zum Beispiel. Nehmen Sie es und halten Sie es in die Sonne (das sorgt für klare Gedanken), während Sie sagen:

Ich seh meinen Weg, wenn ich berühre dich.
Deine Kraft kommt vom Sonnenlicht.
Was ich verloren, hab ich schnell gefunden.
Ich komm bald nach Hause, unumwunden.

Wann immer Sie glauben, sich verfahren zu haben, berühren Sie Ihren Glücksbringer und wiederholen Sie die Beschwörung. Wenn Sie gerade nicht auf dem Weg nach Hause sind, ersetzen Sie »nach Hause« durch den Namen Ihres Zielortes.

Magische Vergrösserung

Ein kleines Vergrößerungsglas kann Ihnen jederzeit das Lesen der Straßenkarte erleichtern. Laden Sie es fünf Stunden lang (fünf ist die Zahl des Bewußtseins) im Mond- und Sonnenlicht. Das stärkt Intuition wie Logik. Danach nehmen Sie es mit folgenden Worten in Ihre Hände:

Bei Tag und bei Nacht auf allen Wegen,
Gaia, führ mich mit deinem Segen.
Durch dieses Glas will ich sehen,
welchen Weg ich soll gehen.

Benutzen Sie diese Lupe jedesmal, wenn Sie eine Karte zu Rate ziehen müssen.

VERKEHRS-FETISCH

Warum heißt die Rush-hour, wie sie heißt, wenn doch gerade dann niemand irgendwohin »rusht«? Dieser Fetisch soll dabei helfen, den Verkehr zu beschleunigen, oder zumindest verhindern, daß er völlig zum Erliegen kommt. Er schützt auch vor Unfällen, die bei dichtem Verkehr ja besonders leicht passieren.

An einem Samstag, am besten, wenn der Mond im Sternzeichen Jungfrau steht und das Denkvermögen stärkt, nehmen Sie ein Stückchen Jade zur Hand (dieser Stein schützt gegen Unfälle, die aus Unaufmerksamkeit passieren). Binden Sie die Jade an eine Winde (die Pflanze, die für Geduld steht). Darauf träufeln Sie ein paar Tropfen Motoröl. Wickeln Sie das Ganze in ein Stück Stoff und legen Sie den Fetisch in Ihr Handschuhfach. Wenn Sie irgendwo im Verkehr steckenbleiben, holen Sie ihn heraus und legen ihn aufs Armaturenbrett. Anschließend sprechen Sie folgende Beschwörungsformel:

Jade, sei mein beschützender Stern,
Winde, halt das Chaos fern,
Öl, hilf schnell, den Knoten zu lösen.
Befreit mich aus diesem Stau, dem bösen.

Summen Sie diesen Spruch vor sich hin, bis sich die Situation normalisiert hat. Laden Sie den Fetisch alljährlich mit neuer Energie, indem Sie ein paar Tropfen Motoröl darauträufeln. Denken Sie daran, daß er Ihnen auch bei Busreisen und Flughafen-Chaos helfen kann.

WO NUR, WO?

Sie sind schon fast zu Hause, da fällt Ihnen ein, daß Sie etwas vermissen – Ihr Portemonnaie, einen Schal oder den Mantel. Egal, was es ist, so etwas kann einem den ganzen restlichen Tag verderben. Dieses Amulett soll Ihnen helfen, wiederzubekommen, was Sie unterwegs verloren haben, und künftige Verluste verhindern.

Sie benötigen dazu einen kleinen Magneten, ein langes Stück Schnur und ein Stück Papier, auf das Sie den Namen des verlorenen Gegenstands schreiben. Umwickeln Sie dann den Magneten mit dem Papier und anschließend mit der Schnur. Lassen Sie dabei das eine Ende so lang, daß Sie den Magneten auf der anderen Seite des Tisches, an dem Sie sitzen, herunterhängen lassen können. Konzentrieren Sie sich nun vollkommen auf das verlorene Stück, sein Aussehen und den Ort, an dem Sie es zum letzten Mal gesehen haben. Ziehen Sie den Magneten nun langsam an der Schnur zu sich heran, während Sie flüstern: »*Kehre zu mir zurück.*«

Wenn das Päckchen bei Ihrer Hand angekommen ist, umwickeln Sie es mit dem losen Schnurende und tragen es bei sich, während Sie nach dem verlorenen Stück suchen. Wenn es wieder aufgetaucht ist oder Sie es durch etwas Neues ersetzt haben, verbrennen Sie Schnur und Papier, während Sie Ihren Dank aussprechen. Den Magnet behalten Sie, damit Ihr sonstiges Eigentum immer zu Ihnen hingezogen wird.

 Weitere Zaubertips

Eine Landkarte oder ein Kompaß ist das ideale Utensil für einen Taschenzauber, wenn Sie die Orientierung verloren haben. Im Auto können Sie ein Stückchen Jade, das Sie vor den Gefahren der Straße schützt, auf das Armaturenbrett kleben oder ins Handschuhfach legen. Auf dem Wasser hält ein Mondstein Ihr Boot auf Kurs. Etwas Beinwell in Ihrer Brieftasche sorgt für allgemeinen Schutz auf Reisen.

Gut wäre es, wenn Sie für diese Art von Zauber den nächsten Vollmond abwarten könnten (ideal wäre es, wenn dieser auf einen Montag fiele), denn dann werden Ihr Instinkt und Ihr Durchblick besonders ausgeprägt sein. Der November stärkt übersinnliche Fähigkeiten. Ein Mond, der in der Waage steht, fördert das Urteilsvermögen.

Auto-Magie

Für die meisten von uns ist das Auto fast unentbehrlich. Die Zeiten, in denen ein Pferd oder zwei gesunde Füße für alle notwendigen Wege genügten, sind längst vorbei. Wir haben uns schon zunehmend an den Anblick eines Autos vor der Haustür gewöhnt, das uns überall hinbringt – besonders wenn es regnet. Deshalb widmet sich dieses Kapitel dem Familienmitglied, das sich widerspruchslos unsere Schimpfkanonaden über andere Verkehrsteilnehmer anhört und für die verrücktesten Beförderungswünsche allzeit bereitsteht – unserem Auto.

Um Ihren Bemühungen den nötigen Segen und genügend Energie zu verleihen, wenden Sie sich an Epona, die keltische Göttin der Pferde. Sie scheint die richtige zu sein, um auch fahrbare Untersätze mit vielen Pferdestärken sicher und funktionstüchtig zu erhalten. Um Eponas Aufmerksamkeit zu gewinnen, streuen Sie etwas Mais aus oder stellen ihr einen Becher Wein vor die Tür.

Parkplatz-Magie

Als Stadtmensch kenne ich die Tücken der Parkplatzsuche in der City nur zu gut. Entweder findet man keinen, oder die Gebühren sind horrend. Es gibt zwei Methoden, die ich Ihnen gegen dieses Übel empfehlen kann.

Die erste besteht darin, daß Sie beim nächsten Vollmond eine Handvoll Münzen mit Energie laden und sie dann in Ihrem Auto aufbewahren. Wenn Sie das nächste Mal einen Parkplatz suchen, nehmen Sie eine der Münzen in die Hand und halten sie himmelwärts. Das ist Ihr Geschenk für Demeter, die u. a. Göttin der Parkplätze ist. Wenn Sie dann eine Parklücke gefunden haben, werfen Sie diese Münze in die bald ablaufende oder bereits abgelaufene Parkuhr von jemand anderem. So bekommt die Göttin Ihr Opfer, und Sie retten irgend jemand den Tag!

Die zweite Möglichkeit bei der Suche nach einem guten Parkplatz ist ein Spruch wie: *»Liebe Göttin, sei ein Schatz, zeig mir einen freien Platz!«* Singen Sie ihn vor sich hin, bis Sie Erfolg haben.

RADARFALLEN-FETISCH

Der folgende Spruch sollte Sie nicht dazu ermutigen, die Verkehrsregeln zu brechen! Tatsächlich ist der beste »Zauber« gegen Geschwindigkeitskontrollen eine vernünftige Fahrweise. Trotzdem gibt es aber natürlich ein paar ziemlich gemeine Fallen, die vor allem dazu dienen, unaufmerksame Fahrer zu »stellen«. Um zu verhindern, daß Sie dazugehören, betupfen Sie Ihr Lenkrad mit ein paar Tropfen Flieder- oder Rosmarinöl. Es sorgt dafür, daß Sie wachsam bleiben. Während dieser Prozedur sprechen Sie noch folgende Beschwörung: *»Wenn Epona mich munter hält, kostet kein Radar mich Geld.«*

MECHANIKER-MAGIE

Ich bin, was Technik angeht, nicht besonders begabt. Deshalb war ich auf der Suche nach einem wirkungsvollen, transportablen Zauber für solche Notfälle. In meinem Auto habe ich immer einen kompletten Werkzeugkasten mit Zündkerzen, Reservebirnen, Isolierband und feuchten Papiertüchern dabei. Die Tücher sind bei diesem Zauber der Ansatzpunkt. Und weil ich sie zusammen mit den übrigen Utensilien aufbewahre, durchdringt die magische Energie auch alles andere!

Geben Sie die Tücher (Babypflegetücher zum Beispiel) in einen kleinen, luftdichten Behälter. Tun Sie einen Zweig Salbei (für Weisheit), ein Sellerieblatt oder ein bißchen Kümmel (für scharfes Denken), ein Minzeblatt (für frische Ideen und zum Verwandeln von Negativität) und etwas schwarzen Tee (für den Mut, es wenigstens zu versuchen) mit hinein. Stellen Sie den Behälter eine Stunde lang in die Sonne (eins ist die Zahl der Selbstbeherrschung). In der letzten Minute dieser Stunde sagen Sie folgenden Zauberspruch auf:

Bring mein Können zum Tragen.
Beantworte mir all meine Fragen.
Ist das Problem auch tückenreich,
ich werd es lösen – und zwar gleich.

Geben Sie den Behälter zu Ihrem Werkzeug, und wann immer Sie eine kleine Reparatur auszuführen haben, wiederholen Sie den Spruch. Lassen Sie sich bei der Suche nach der Ursache des Problems von Ihrer Intuition leiten. Übrigens sind solche Feuchttücher auch immer dann praktisch, wenn Sie das Bedürfnis nach mehr Durchblick haben (zum Beispiel bei verschmutzten Scheiben).

FINGER WEG!

Als ich mal in South Boston lebte, stellten Jugendliche aus Spaß jede Nacht mein Auto um (ja, sie hoben es wirklich hoch und stellten es woanders wieder ab!). Da immer mehr Leute in der Stadt und manchmal in unsicheren Gegenden wohnen, kann ein bißchen magischer Schutz heutzutage sicher keinem Auto schaden.

Für dieses Amulett benötigen Sie eine Lenkradsperre oder ein anderes Mittel, das Unbefugte am Wegfahren hindert. Als Alternative, zum Beispiel wenn Ihnen diese Dinger zu teuer sind, tut es auch ein Stück silberner Draht (oder etwas anderes silbern glänzendes, etwa Alufolie), den Sie zu zwei Hörnern zurechtbiegen (um schlechte Absichten fernzuhalten), und ein kleiner Türkis, der das Auto und seinen Besitzer in gefährlichen Gegenden schützt. Wenn Sie Draht verwenden, biegen Sie ihn um den Türkis herum, bei Alufolie umwickeln Sie ihn damit.

Falls möglich, warten Sie hierfür den abnehmenden Mond ab, weil dann auch das ungebetene Interesse an Ihrem Wagen abnimmt. Visualisieren Sie intensiv, wie das Amulett sich mit weiß gleißender Energie lädt, während Sie folgenden Vers sprechen:

Diebe, seid auf der Hut!
Bedenkt wohl, was Ihr tut!
Denn alle Schlechtigkeit
kommt dreifach zurück
nach gewisser Zeit!

Wenn Sie eine mechanische Sperre verwenden, achten Sie darauf, daß sie jedesmal korrekt angebracht ist, wenn Sie Ihr Auto verlassen. Das selbstgemachte Amulett deponieren Sie am besten unter dem Sitz oder im Handschuhfach.

Noch mehr Schutz fürs Auto

Zeichnen Sie mit Knoblauchöl, Zwiebelsaft oder dem Sud von eingelegten Gurken oder einem anderen starken Aromastoff mit dem Zeigefinger Ihrer rechten Hand ein Pentagramm als Beschwörung auf die Kühlerhaube. Beginnen Sie unten links und enden Sie oben rechts; dazu sprechen Sie folgende Bitte:

Epona, ich bitte dich, sei für mich da,
wenn ich reise, ob fern, ob nah.
Ob Norden, ob Süden, ob Osten, ob Westen,
unter deinem Schutz fahr' ich am besten.

Wiederholen Sie diesen Spruch beliebig oft. Wenn Sie keine aromatische Essenz zur Verfügung haben, tut es auch Spucke, von der man übrigens schon lange glaubt, daß sie besondere persönliche Energie enthält.

 Weitere Zaubertips

Verwenden Sie für Ihren Zauber etwas, das Sie immer im Auto dabei haben: eine Thermoskanne, die das Element Wasser symbolisiert (sie sorgt für »fließenden« Verkehr), ein kleines Gefäß für Wechselgeld für Wohlstand, eine Sonnenbrille für guten Durchblick, Reiniger für die Scheibenwaschanlage, der Sie vor den rauhen Elementen schützt, ein Kindersitz, der die Sicherheit aller Insassen repräsentiert.

Zum Timing: Die meisten Rituale der Automagie haben bei zunehmendem oder Vollmond besonderen Bestand. An Dienstagen ist übrigens Ihr Geist besonders wach. Was Sie im Monat August zaubern, sorgt für mehr Harmonie zwischen Ihnen und Ihrem Fahrzeug. Wenn der Mond im Schützen steht, unterstreichen Bannsprüche Ihre kluge Herrschaft über dieses Stück Technik.

Weitere Verkehrsmittel

Dank der Wunder der Technik bietet uns die moderne Welt zahlreiche Transportmöglichkeiten. Wir können mit dem Auto fahren, in den Zug oder Bus steigen, mit einem Flugzeug oder einem Hubschrauber fliegen. Eines Tages kommt dazu vielleicht noch das Raumschiff als Alternative! Folglich muß sich auch die Magie verändern, um sich den Anforderungen der immer schnellebigeren Gesellschaft anzupassen. Der folgende Abschnitt soll Ihnen ein paar praktische Anregungen für Taschenzaubereien geben, die andere Verkehrsmittel als Ihr Auto betreffen.

Inari, die japanische Fuchsgöttin (manchmal auch als männliches Wesen dargestellt), ist in diesem Kontext die Göttin der Wahl. Sie ist zuständig für das Schmiedehandwerk und das Verändern der äußeren Gestalt – zwei Bereiche, die für die Erzeugung und Wartung moderner Transportmittel essentielle Bedeutung haben.

Schutz auf zwei Rädern

Auf dem Fahrrad oder Motorrad bekommt man ungeheuer viel von seiner Umgebung mit, verbraucht gar kein oder nur wenig Benzin, zugleich ist man damit aber auch Gefahren ausgesetzt, die es im Auto nicht gibt. Da ein Helm beim Motorradfahren Vorschrift, beim Radfahren empfehlenswert ist, schlage ich Ihnen vor, diesen zur Basis Ihres Zaubers zu machen. Außerdem brau-

chen Sie noch ein Stückchen Kreppband, auf das Sie die Worte
Sicherheit oder Schutz wie folgt schreiben:

S	S
SI	SC
SIC	SCH
SICH	SCHU
SICHE	SCHUT
SICHER	SCHUTZ
SICHERH	
SICHERHE	
SICHERHEI	
SICHERHEIT	

Das ist die Umkehrung des alten Zauberspruchs Abrakadabra
und erzeugt positive Energie. Während des Schreibens rufen Sie
Inari um Beistand an:

Magischer Helm, Schutz und Schirm,
Inari, schütze mich und mein Hirn.

Kleben Sie den Kreppstreifen irgendwo auf die Innenseite Ihres
Helms. Am besten wiederholen Sie den Spruch jedesmal, wenn
Sie den Helm aufsetzen.

FLUGZEUG-AMULETT

Da wir keine Flügel haben, werden manche Menschen sehr ner-
vös, wenn sie in ein Flugzeug steigen. Aber selbst diejenigen unter uns, die das Fliegen genießen, fühlen sich vielleicht sicherer,
wenn sie einen himmlischen Talisman dabei haben. Für dieses
Amulett brauchen Sie einen kleinen Mondstein (er sorgt für
Schutz und Gelassenheit), eine Feder (symbolisiert das Fliegen)
und etwas, um die beiden Dinge zusammenzubinden. Nehmen
Sie Feder und Mondstein in die Hand, während Sie folgenden
Vers sprechen:

Inari, erhör meine Bitte:
Sicherheit wünsch' ich mir sehr,
wenn in des Himmels Mitte
ich fliege kreuz und quer.

Binden Sie die Feder an den Mondstein und stecken Sie das Amulett bei allen Flugreisen in Ihr Handgepäck. Einmal im Jahr sollten Sie sich einen neuen Talisman basteln und den alten dankbar der Erde zurückgeben.

Ein hilfreicher Bann für Zug, Bus und U-Bahn

Alle öffentlichen Verkehrsmittel haben eines gemeinsam: die Gefahr, darin bestohlen oder überfallen zu werden. Besorgen Sie sich deshalb einen praktischen Talisman in Form von Pfefferspray. Pfeffer ist aufgrund seiner Schärfe eine Schutz- und Bannpflanze. Stellen Sie das Spray sieben Stunden lang in die Sonne, um Schatten und Negatives zu vertreiben, und danach genausolange ins Mondlicht, um Ihr Bewußtsein zu schärfen. Nehmen Sie die Dose dann in beide Hände, visualisieren Sie helles, strahlendes Licht und sagen Sie den entsprechenden Bannspruch.

Schutz und Sicherheit seid bei mir,
Talisman, ich vertraue dir.

Befestigen Sie das Spray an Ihrem Schlüsselbund, so daß Sie es immer griffbereit haben.

 Weitere Zaubertips

Die richtigen Zauberutensilien hängen vom jeweiligen Verkehrsmittel ab. Auf einem Fahrrad oder Motorrad können Packtaschen verschiedene Arten von Kraft speichern, eine laute Klingel sorgt für »freie Fahrt«, und den Rückspiegel sollten Sie mit einem Zauber für scharfe Sicht versehen.

Zum Timing: Pläne, die Sie an Dienstagen schmieden, lassen sich besonders unproblematisch verwirklichen. Der Januar beschert Ihnen Einsicht. Wer zaubert, wenn der Mond im Wassermann steht, darf auf viel Freude hoffen. Der abnehmende Mond läßt auch Schwierigkeiten verschwinden.

Vorboten des Glücks

Die Zukunft durch Beobachtung der Zeichen der Natur vorherzusagen, ist eine der ältesten Formen der Prophezeiung. Nutzen Sie doch einfach Ihre Augen für mystische Zwecke, um zu sehen, was Sie auf Ihrer Reise erwartet.

Um Unterstützung in prophetischen Dingen bitten Sie am besten Siduri, die babylonische Orakel-Göttin, die auch guten Rat erteilt. Ein wenig vergossener Wein macht sie Ihnen gewogen. Wenn Sie an einem Sonntag, Dienstag, Donnerstag oder Samstag in Sachen Magie aktiv werden, können Sie sich auch an Pingala wenden, eine prophetische Hindugöttin.

WELCHES ZEICHEN HABEN SIE?

Denken Sie einmal einen Moment lang über Ihren Tag nach. Gibt es da etwas, wo Sie sich mehr Durchblick wünschen? Konzentrieren Sie sich für etwa fünf Minuten auf diese Frage. Dann zählen Sie langsam bis zwölf. Das erste Verkehrsschild, das Sie danach sehen, ist die Antwort auf Ihre Frage. Hier eine kleine Auswahl von Schildern und den dazugehörigen Interpretationen:

Stopp: Probleme in Aussicht, überlegen Sie sich eine Alternativroute.

Unebene Fahrbahn: Sie steuern auf ein Hindernis zu, das Sie umgehen oder überwinden können.

Geschwindigkeitsbegrenzung: Bremsen Sie sich ein bißchen ein; Sie versäumen sonst etwas.

Kurve: Veränderungen stehen in Aussicht, seien Sie wachsam.

Kein Seitenstreifen: Eine bestimmte Art von Gefahr erfordert Ihre volle Aufmerksamkeit.

Links oder rechts abbiegen: Sie müssen sich zwischen zwei gleichermaßen reizvollen Alternativen entscheiden. Treffen Sie Ihre Wahl wohlüberlegt.

In den fließenden Verkehr einfädeln: Sie müssen sich besser integrieren und anpassen, ohne den bestehenden Fluß zu unterbrechen.

Kreisverkehr: Es gibt ein immer wiederkehrendes Muster in Ihrem Leben. Wenn Sie eine Veränderung anstreben, müssen Sie diesen Kreis durchbrechen.

Autobahnauffahrt: Eine neue Chance eröffnet sich Ihnen.

DIE NUMMER IST DIE LÖSUNG

Gehen Sie genauso vor wie beim letzten Ritual, nur daß Sie diesmal auf das erste Nummernschild achten, das Sie sehen, nachdem Sie sich eine Frage gestellt und bis zwölf gezählt haben. Die Zahlen oder Buchstaben auf dem Schild oder beide zusammen liefern die Antwort auf Ihre Frage. Zählen Sie die Ziffern zusammen und bilden Sie die Quersumme, bis Sie auf eine einstellige Zahl kommen.

Wenn die Ziffer keine besondere Bedeutung zu haben scheint (siehe dazu den Kasten auf S. 42), helfen Ihnen vielleicht die Buchstaben weiter. Ergeben Sie ein Wort? Sind sie die Initialen von jemand, den Sie kennen und der im Zusammenhang mit Ihrer Frage wichtig sein könnte? Manche Buchstaben erlauben mehrere Interpretationen; das O kann beispielsweise Schutz oder Kreislauf bedeuten.

MÜNZ-ORAKEL

Für diese Art der Prophezeiung brauchen Sie einen Würfelbecher und jeweils zwei Pfennige, Zehnpfennigstücke, Fünfzigpfennigstücke und Markstücke. Geben Sie die Münzen in den Becher und schütteln Sie diesen wie beim Würfeln, während Sie über eine bestimmte Frage nachdenken. Schließen Sie für einen Augenblick die Augen und murmeln Sie:

Siduri, führe meine Hand,
so daß deine Antwort vor mir land't.

Halten Sie den Becher jetzt schräg und schütteln Sie ihn, bis eine Münze herausspringt. Das ist ein Hinweis auf Ihre Frage. Hier ein paar mögliche Interpretationen:

Pfennig: Etwas steht auf dem Spiel. Sie müssen etwas riskieren, aber Ihr Risiko ist minimal.

Zehnpfennigstück: Mit zehn Pfennig kommt man heute nicht mehr weit, die Zeiten sind vorbei. Genauso müssen Sie etwas Vergangenes auch vergangen sein lassen.

Fünfzigpfennigstück: Passen Sie auf Ihr Geld auf. Achten Sie darauf, daß niemand Sie ausnimmt.

Markstück: Sie müssen Ihre Kommunikation effektiver gestalten oder sollten mit jemandem ins Gespräch kommen.

Die Deutungsmöglichkeiten der jeweiligen Münze werden noch größer, wenn Sie die Zahlen des Prägedatums in Ihre Interpretation miteinbeziehen. Sie können auch ausländische Münzen dazugeben und ihnen eigene Bedeutung beimessen, um die Zahl der Varianten zu erhöhen. Nützlicher Hinweis: Heben Sie die Münzen auf und verwenden Sie sie für ein bißchen Haushaltszauber (siehe S. 30) oder Parkplatzmagie (siehe S. 78).

SCHATZSUCHE

Bei den amerikanischen Indianern galt es als Hinweis des Universums auf das Schicksal eines Menschen, wenn dieser ungewöhnliche Dinge (besonders solche natürlichen Ursprungs) an ungewöhnlichen Orten fand. Wenn Sie auf Reisen sind, sollten Sie also auf alles Seltsame, Einzigartige und eindeutig Deplazierte achten. Die Liste der Interpretationsmöglichkeiten ist unendlich lang, wenn man bedenkt, was alles in diese Kategorie paßt. Deshalb hier nur ein paar denkbare Bedeutungen, die Sie in Betracht ziehen können:

Geld: Ein gutes Zeichen, eine Verbesserung Ihrer Lage, vor allem in Geldangelegenheiten, steht in Aussicht. Heben Sie es auf und benutzen Sie es bei einem Zauberritual für Wohlstand.

Eine schwarze Feder: Achten Sie auf Ihre Gesundheit; überanstrengen Sie sich nicht. Geben Sie sie in ein Zauberbeutelchen, das Ihre Gesundheit stärken soll.

Schmuck: Ihnen steht ein formelles gesellschaftliches Ereignis bevor. Verzaubern und laden Sie dieses Schmuckstück mit Energie für mehr Anziehungskraft.

Ein Hut: Denken Sie über Alternativen nach, bevor Sie eine Entscheidung treffen.

Ein Ball: Sie sind am Ball in einer aktuellen Situation. Werfen Sie ihn mit dem Wunsch nach kindlicher Freude einem Kind zu.

Ein Buch: Wenn Sie sich gerade überlegen, etwas Neues zu lernen, ist ein Buch ein sehr gutes Zeichen. Heben Sie es auf, für den Fall, daß Sie einfache Fragen haben. Dann schlagen Sie es auf und lesen den ersten Satz, auf den Ihr Blick fällt, als Antwort.

Eine Stecknadel: Wenn der Kopf von Ihnen weg zeigt, steht Ihnen eine Reise bevor. Heben Sie sie für einen Taschenzauber auf, bei dem es darum geht, das Wesentliche aufzuspießen, d. h. auf den Punkt zu kommen.

Ein Nagel: Ein gutes Zeichen – heben Sie ihn als Glücksbringer auf.

Ein Bonbon- oder Schokoladenpapier: Lesen Sie die aufgedruckte Schrift, die vielleicht eine offensichtliche Bedeutung hat. »Lila Pause« könnte zum Beispiel Erholung symbolisieren. In so einem Fall können Sie das Papier gleich als Bestandteil eines Zauberrituals für mehr Ruhe benutzen.

Wenn Sie etwas finden – egal, ob es auf dieser Liste steht oder nicht –, lassen Sie sich von Ihrer Intuition und der Magie der Göttin leiten, was das Entschlüsseln der Bedeutung betrifft. Versuchen Sie, ihre Hilfe mit einem Zauberspruch zu gewinnen, während Sie das Fundstück in der Hand halten.

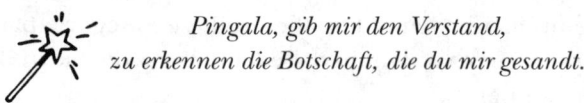

Pingala, gib mir den Verstand,
zu erkennen die Botschaft, die du mir gesandt.

Wiederholen Sie den Spruch, bis Ihnen ein Licht aufgeht und Sie den berühmten Aha-Effekt erleben.

DAS VOGELFLUG-ORAKEL

Schon in der Antike hat man versucht, aus dem Flug der Vögel die Zukunft vorherzusehen. Beobachten Sie die Vögel, wenn Sie sich im Freien aufhalten, und Sie werden wissen, was Ihnen bevorsteht. Vögel, die auf Ihrer rechten Seite oder nach rechts fliegen, künden Ihnen von einem schönen Tag. Vögel zur Linken sind dagegen die Vorboten von Schwierigkeiten. Sind die Vögel nicht eindeutig einer Seite zuzuordnen, sondern fliegen hin und her, wird es in Ihrem Tag Auf-und-Abs geben, wobei Sie letztere jedoch durch überlegte Planung umgehen können. Amseln und Drosseln sind Glücksbringer. Krähen gelten als eher schlechtes Zeichen. Eine Ente weist auf eine neue oder wiederbelebte Liebe hin; Adler, Falken, Bussarde und Habichte kündigen von einem bevorstehenden Erfolg. Wenn Sie ein Rotkehlchen sehen, bedeutet das, daß einer Ihrer Wünsche bald in Erfüllung geht.

Wenn Sie Glück haben und ein Vogel eine Feder in Ihrer Nähe fallen läßt, heben Sie sie auf und benutzen Sie sie für Ihre Taschenmagie!

Magie in Beziehungen

Vertrautheit macht Mut.

GOODMAN ACE

Egal in welcher Epoche oder Gesellschaft, wo auch immer Sie heillose Romantiker, hoffnungsvolle Liebende oder Herrn oder Frau »Ich trau mich nicht« finden, dort werden Sie immer auch der Göttin begegnen, die versucht, die Dinge ins Lot zu bringen. Sicher, die Art und Weise, in der man Beziehungen anknüpft, hat sich im Laufe der Jahre enorm verändert. Es gibt keine Ritter in strahlenden Rüstungen mehr (wenn man dicke Autos nicht im weitesten Sinne als solche betrachtet), und der Wunsch »glücklich bis an ihr Lebensende« scheint fast nur noch in Märchen realisierbar. Trotzdem ist die Liebe nicht aus der Mode gekommen. Jeder braucht weiterhin das Gefühl, von anderen begehrt zu werden, wir sehnen uns immer noch nach Gefährten – und die göttliche Magie, um uns dabei zu helfen, existiert nach wie vor.

Wünschen Sie sich, daß aus einer flüchtigen Bekanntschaft etwas Ernsteres würde? Möchten Sie den Mann oder die Frau auf der anderen Seite des Lokals dazu bringen, Sie mit etwas mehr Leidenschaft anzusehen als ein kaltes Bier an einem heißen Tag? Wollen Sie mit mehr als nur Phantasien liebäugeln? Dann tun Sie's doch einfach! Drücken Sie die Göttin an Ihr Herz und lassen Sie sich von ihr Energie für Ihre Liebesangelegenheiten spenden.

Wahrsagerei

Ich erinnere mich daran, als Kind Apfelschalen geworfen zu haben, um den Anfangsbuchstaben vom Namen des Mannes zu erfahren, den ich einmal heiraten würde. Als Teenager spielten wir Flaschendrehen, in der Hoffnung, ein wenig Interesse beim anderen Geschlecht zu wecken. Dann fängt bei den Erwachsenen die Sache mit dem Ausgehen an. Wird es Nummer eins, zwei oder wer auch immer in der Schuhschachtel-großen Wohnung sein? Wäre es nicht schön, einfach zu wissen, ob jemand einen guten oder schlechten Partner abgeben würde? Ein bißchen Magie kann da sehr helfen!

Dieses Kapitel ist Zauberritualen gewidmet, die uns auf metaphysische Weise etwas über das Wer, Wo und Wann unserer Beziehungen verraten. Zu jedem Ritual gehört mindestens ein Bestandteil, den Sie überallhin mitnehmen können und der die richtigen Leute zum richtigen Zeitpunkt zu Ihnen führen wird.

In Herzensangelegenheiten rufen Sie die nordische Göttin Freya an, die für Liebe, Weisheit, Weitblick und ein bißchen Glück (das ja nie schaden kann) sorgt. Freya wird von Federn, Darstellungen von Katzen, einem Falken oder berauschenden Parfums angesprochen.

SÜSSE TRÄUME, LIEBLING

Eine der ältesten Methoden, um die Zukunft vorherzusagen, sind vom Himmel inspirierte Träume. Kombinieren Sie dazu magische Kräuter, die bekanntermaßen prophetische Visionen hervorrufen, mit einer Anrufung der Göttin.

Füllen Sie ein Stoffsäckchen mit Ringelblumen- und Rosenblütenblättern. Tragen Sie sie bei Vollmond ins Freie und sagen Sie folgenden Spruch dazu auf:

Freya, in des Mondes hellem Licht,
verwehr mir die Bitte um Träume nicht.
Dein Ohr vom Himmel herunterneige,
und mir die wahre Liebe zeige.

Legen Sie das Säckchen unter Ihr Kopfkissen, wenn Sie vom zukünftigen Geliebten träumen wollen. Tagsüber sollten Sie es bei sich tragen, so daß die Göttin Ihren Zauber wirken lassen kann.

SPIEGLEIN, SPIEGLEIN AN DER WAND

Knallharte Romantiker sind überzeugt davon, daß es zu jedem Töpfchen ein Deckelchen gibt und für jeden von uns einen Gefährten, der die Wünsche unseres Herzens wie ein Spiegel widergibt. Diese Vorstellung sollten Sie wörtlich nehmen und sich einen Taschenspiegel besorgen.

Während eines zunehmenden oder Vollmonds zeichnen Sie langsam mit Sandelholzöl im Uhrzeigersinn und von außen nach innen eine Spirale auf das Glas des Spiegels. Dabei wiederholen Sie folgenden Vers, bis Sie mit dem Finger in der Mitte des Spiegels angekommen sind:

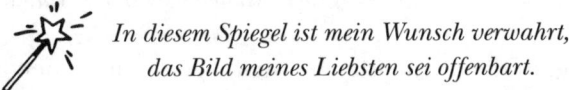

In diesem Spiegel ist mein Wunsch verwahrt,
das Bild meines Liebsten sei offenbart.

Suchen Sie sodann auf der Oberfläche des Spiegels nach Symbolen oder einem Bild. Alles, was sich hier zeigt, wird etwas mit Ihrer zukünftigen Liebe zu tun haben. Wenn Sie zum Beispiel rötliche Wolken sehen, könnte Ihr neuer Gefährte rothaarig sein oder die Lieblingsfarbe Rot haben. Wenn Sie ein Gebäude sehen, könnte es das Haus sein, in dem er lebt, oder der Ort, an dem Sie ihm begegnen.

Tragen Sie den Spiegel ab sofort bei sich, damit die Schwingungen Ihres Wunschs aktiviert bleiben.

APFELSCHALEN UND -KERNE

Viele Zaubersprüche aus dem letzten Jahrhundert empfehlen Apfelschalen und -kerne, um etwas über künftige Liebe(n) zu erfahren. Die Apfelschale muß über die rechte Schulter geworfen werden, während man sich auf den Wunsch konzentriert, einen Gefährten zu finden. Wenn die Schalen die Form einer Zahl annehmen, ist das die Zahl der Tage, Wochen, Monate oder Jahre, die noch vergehen werden, bevor diese Person unseren Weg kreuzt. Wenn die Schale einen Buchstaben formt, ist das der Anfangsbuchstabe seines oder ihres Namens. Trocknen Sie die Schale des Apfelorakels und benutzen Sie sie für Räucherwerk oder als Bestandteil einer Zaubermischung zum Mitnehmen, die Liebesenergie auf Sie lenkt.

Essen Sie den Apfel auf, um ein bißchen Eigenliebe zu verinnerlichen, die Ihre Aussichten verbessert, und heben Sie die Kerne auf. Die werfen Sie bei nächster Gelegenheit in ein offenes Feuer, begleitet von folgender Beschwörungsformel:

Apfelkerne, die knallen und fliegen,
zeigen, wo meine Liebe mag liegen.
Freya, erhöre meine Bitte:
Find ich ihn im Norden, Süden, Osten, Westen oder in der Mitte?

Die Richtung, in die die meisten Kerne fliegen, zeigt Ihnen an, wo Sie den Ihnen zugedachten Menschen finden werden. Die Zahl der Kerne offenbart Ihnen, wie viele Tage, Wochen, Monate oder Jahre bis dahin noch vergehen werden.

Sie können die Kerne auch zu Ihrem Liebes-Talisman geben, um die Sache zu beschleunigen.

KRISTALLKLAR

Besorgen Sie sich einen Rosenquarz (Rosa ist die Farbe der Zuneigung), der gut in Ihrer Hand liegt. Denken Sie intensiv an Ihren Wunsch, einen Menschen zu finden, der zu Ihnen paßt. Schließen Sie die Augen und sagen Sie:

Kristallgeist,
wer soll mein wahrer Liebster sein?
Sag mir bitte, wann fängt die echte Liebe an?
Und wo soll ich ihn finden,
bevor meine Chancen schwinden?

Öffnen Sie die Augen und blicken Sie auf die Oberfläche des Kristalls, in der sich Sonnenlicht oder (falls möglich) Kerzenschein bricht. Suchen Sie nach nichts Bestimmtem, achten Sie auf alles, was hier Form annimmt. Es können Buchstaben, Bilder oder Symbole sein, die Ihre Fragen beantworten.

Nun ist es an Ihnen, zu erkennen, was genau damit gemeint sein könnte.

In der Folge tragen Sie den Stein bei sich, damit Sie dem richtigen Menschen auch wirklich begegnen.

 Weitere Zaubertips

Runen, Orakel-Steine, Teeblätter, Kaffeesatz oder ein kleiner Satz Tarot-Karten – all diese Mittel können Ihnen rasch und an fast jedem Ort einen Überblick über die dort herrschenden Energien geben. Das Essen von Eiern und Weintrauben verbessert Ihre seherischen Fähigkeiten. Zinn bringt Glück und schenkt Ihnen Weitblick. Ein Obsidian schärft Ihren Instinkt.

Bei Vollmond, an Montagen und wenn der Mond im Krebs steht, sind Weissagungen besonders erfolgreich. Im September ist das Verständnis für mystische Zusammenhänge am größten.

Bezaubernder Zauber

Das Interesse eines anderen Menschen zu erwecken und ihn oder sie auch zu halten, ist heutzutage eine sehr schwierige Angelegenheit. Innerhalb kürzester Zeit sind die traditionellen Geschlechterrollen auf den Kopf gestellt worden; das hat viele Menschen enorm verunsichert. Die Männer wissen nicht, ob sie der Dame ihres Herzens den Stuhl zurechtrücken und die Tür aufhalten sollen oder ob sie sie damit beleidigen. Frauen sind sich nicht sicher, ob sie den ersten Schritt wagen sollen. Und Eltern haben nicht die geringste Ahnung, welche Ratschläge sie ihren Kindern zu ihrer ersten Verabredung mitgeben sollen.

Auch wenn es ziemlich passé ist, auf traditionelle Weise umeinander zu werben, kann die Göttin immer noch der Schüchternheit abhelfen, wenn es darum geht, die Aufmerksamkeit eines potentiellen Verehrers auf sich zu ziehen und sie danach weiter zu fesseln. Venus, die römische Göttin von Anziehungskraft, Liebe und Lust, ist hier genau die richtige Ansprechpartnerin. Indem sie das Selbstvertrauen stärkt, kann Venus jedes Mauerblümchen zum Erblühen bringen.

»Love is in the Air«

Einer der subtilsten und einfachsten Wege, um jemandes Aufmerksamkeit zu erregen, ist das Tragen verführerischer Düfte. Genauso wie frischgebackenes Brot unseren Appetit weckt, kann das richtige Parfum jemand »Hunger« auf uns machen. Für dieses Zauberritual brauchen Sie einen Mini-Flakon oder eine Probe Ihres Lieblingsdufts und eine rosafarbene Kerze, in die Sie ein Herz geritzt haben. Zünden Sie die Kerze an einem Fenster an, wo das Mondlicht (am besten das des Vollmonds) darauf fällt. Stellen Sie das Parfum vor die Kerze und sagen Sie dazu:

Venus, gewähr mir die Liebe, die mir fehlt.
Darum schick' ich diesen Duft um die Welt.

Lassen Sie anschließend die Kerze ganz herunterbrennen. Den Duft tragen Sie bei sich und parfümieren sich damit, wenn Sie ausgehen. Sie können den Zauber noch zusätzlich verstärken, indem Sie den Spruch wiederholen, während Sie das Parfum auf Ihre Haut tupfen. Sie können übrigens auch Ihren eigenen betörenden Duft kreieren. Geben Sie dazu Aromaöle und als Basis etwas Mandelöl in ein luftdicht verschließbares Gefäß. Experimentieren Sie mit anziehenden Düften wie Zimt, Ingwer, Jasmin, Zitrone, Orange, Vanille und Rose, bis Ihnen die Duftmischung zusagt.

AUF DER SUCHE NACH LIEBE
(AN DEN UNGEWÖHNLICHSTEN ORTEN)

Partner für eine dauerhafte Beziehung findet man selten in Single-Bars. Bleibt also die Frage, wo man seine große Liebe trifft. In Museen, Konzerten, auf der Kegelbahn? Das sind lauter denkbare Möglichkeiten, aber selbst wenn Sie Menschen mit gemeinsamen Interessen begegnen, ist es immer noch schwierig, diejenigen zu erkennen, bei denen Aussicht auf Erfolg besteht. Hier kann dieses Amulett helfen.

Besorgen Sie sich eine Sonnenbrille mit rosafarbenen Gläsern und waschen Sie sie mit Lavendelseife; das steigert Ihr spirituelles Bewußtsein (Sie erkennen Menschen mit den richtigen »Schwingungen« leichter). Während des Waschens murmeln Sie folgenden Zauberspruch:

Für alle, die nichts taugen,
öffne mir die Augen.
Zeig mir ihr wahres Gesicht,
dann täuschen sie mich nicht.
Laß mich beim Ausgehen den Richtigen sehen.
Auf Mistkerle verzichte ich gern – die halt mir bitte fern.
Egal, welche Stunde es sei, Venus, steh mir bei!

Tragen Sie die Brille, wenn Sie zu einer Verabredung oder einer gesellschaftlichen Veranstaltung gehen. Nehmen Sie sie jedoch unbedingt ab, bevor Sie »das Angebot« prüfen, damit Sie niemand durch die rosarote Brille sehen.

RUF MICH AN!

Sie geben jemand Ihre Nummer, aber wird er wohl jemals anrufen? Wenn Sie eine gewisse Ungeduld verspüren, lassen Sie sich von diesem Talisman helfen. Dazu schreiben Sie den Namen der Person, die Sie anrufen soll, auf ein Stück Papier. Tun Sie das am besten bei zunehmendem Mond, weil dann auch die Kommunikationsbereitschaft wächst. Kleben Sie ein Stückchen Glimmer (das Gespräche fördert) auf das Papier. Nun wiederholen Sie folgenden Spruch siebenmal (Sieben ist die Zahl der Erfüllung):

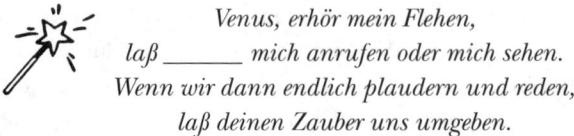

Venus, erhör mein Flehen,
laß _____ mich anrufen oder mich sehen.
Wenn wir dann endlich plaudern und reden,
laß deinen Zauber uns umgeben.

In die Lücke setzen Sie den Namen der betreffenden Person ein. Legen Sie den Talisman unter Ihr Telefon oder Modem, wenn Sie zu Hause sind. Ansonsten tragen Sie ihn bei sich, um die Wahrscheinlichkeit eines zufälligen Treffens zu vergrößern und damit im Fall des Falles eine tolle spannende Begegnung daraus wird.

In den Wind gewünscht

Hierbei handelt es sich um einen sehr nützlichen Zauber, weil Sie damit jeden Wunsch ins Universum schicken können. Ändern Sie dazu einfach den Hauptbestandteil entsprechend. Sie brauchen eine Tasse Rosenblütenblätter und Lavendelblüten. Tragen Sie diese an einem Tag mit Südwind (der fördert die Leidenschaft) nach draußen. Streuen Sie langsam die Hälfte der Blüten in den Wind, während Sie sich im Uhrzeigersinn drehen und folgenden Spruch dazu aufsagen:

Süden und Westen, Norden und Osten,
diese Magie soll niemals rasten,
bis sie den findet, der zu mir paßt,
mit dem die Leidenschaft nie verblaßt.

Heben Sie die übrigen Blüten auf. Jedesmal, wenn Sie an ein fließendes Gewässer kommen oder eine warme Brise weht, verstreuen Sie ein paar davon. Das Wasser trägt Ihren Wunsch mit sich fort; das laue Lüftchen wärmt Ihr Herz.

PANIK-KILLER

Gut, Sie haben jetzt jemand getroffen, mit dem Sie sich gern ver-
abreden würden, aber Ihr Selbstvertrauen ist plötzlich ver-
schwunden. Was tun? Holen Sie sich aus dem Füllhorn der Göttin ein bißchen Gelassenheit – und zwar mit folgendem Zauber:

Besorgen Sie sich ein Spray für frischen Atem (am besten mit
Minzegeschmack, denn Pfefferminze ist das Kraut der Liebe und
Anziehungskraft). Nehmen Sie es in die Hand und visualisieren
Sie, wie Sie sich mit dem Betreffenden unterhalten und eine Ver-
abredung vorschlagen. Fügen Sie dem noch folgenden Zauber-
spruch hinzu:

Meine Worte mögen ihr Ziel erreichen,
bei der richtigen Gelegenheit
will ich nicht weichen.

Wenn Sie den Auserwählten das nächste Mal treffen, sprühen Sie
sich vorher etwas von dem Spray in den Mund – und dann nichts
wie los! Sie können diese Magie auch für jeden anderen Anlaß
nutzen, bei dem Sie mutig drauflosreden wollen.

DIE GUTE FEE

Haben Sie sich auch schon mal eine gute Fee gewünscht, die Ihnen alle Türen öffnet? Dieser kleine Fetisch ist dazu gedacht, ein
bißchen Feen-Glanz in Ihr Leben zu bringen. Stellen Sie in der
ersten Nacht der nächsten Vollmondphase ein Schälchen mit etwas Sahne und einem süßen Keks außen aufs Fensterbrett. Das ist
ein Geschenk an das Feenvolk und lädt es ein, bei der Herstellung des Fetischs durch seine Gegenwart zu helfen.

In der zweiten Vollmondnacht brauchen Sie etwas, das als Zauberstab dienen kann, einen Stift, einen Zauberstab für Kinder
(am besten einen, der mit Glitzersternen gefüllt ist) oder auch einen Zahnstocher, an dessen Spitze Sie ein Goldsternchen kleben.
Egal, wofür Sie sich entscheiden, der Gegenstand sollte auf jeden
Fall zum Mitnehmen geeignet sein. Tragen Sie Ihren Zauberstab

nach draußen und deuten Sie damit auf den Mond. Jetzt sagen Sie folgenden magischen Vers auf:

Sylphiden, Feen und Elfen,
ich bitte euch, mir zu helfen.
Ich sehne mich nach Liebe und Treue,
will mich verlieben ohne Reue.

Tragen Sie den Zauberstab bei sich, wenn Sie ausgehen. Und wenn Sie jedesmal ein kleines Geschenk für das Feenvolk hinterlassen, nachdem Sie den Zauberstab benutzt haben – um so besser.

 Weitere Zaubertips

Verzaubern Sie Ihre Kleidung, damit Sie verführerischer aussehen. Tragen Sie energetisch geladene Kristalle als Schmuck (Bernstein, Katzenauge und Jaspis sind eine gute Wahl, denn sie steigern Ihren Sexappeal). Bestreuen Sie Ihre Schuhe mit Feenstaub (Glitter), so daß Sie in Gesellschaft noch mehr glänzen.

Was das Timing betrifft, so werden Sie am besten während einer Vollmondphase aktiv, um Liebesangelegenheiten in Gang zu bringen. Am Mittwoch sind Ihre Launen besonders ausgeprägt. Der August sorgt allgemein für Harmonie zwischen den Menschen. Wenn der Mond im Wassermann steht, verheißt das besonderes Vergnügen. Günstige Tage für diese Sorte Zauberrituale sind die traditionellen Festtage der Venus: 28. April, 23. Mai, 19. Juni und 9. August. Der Freitag ist der Wochentag der Venus; er ist am besten geeignet für alles, was mit Beziehungen zu tun hat, besonders mit Liebesdingen.

Den Knoten knüpfen

Es erfordert eine Menge Arbeit, Geduld und eine große Portion Vernunft, Beziehungen gesund zu erhalten. Und selbst wenn alle Zutaten stimmen, sind sie selten perfekt. Um die Zuneigung zu vertiefen, Harmonie erglühen zu lassen und die Leidenschaft feurig zu erhalten, hilft Ihnen der Funke göttlicher Magie.

Diese Art von Zauber ist für zwei Menschen gedacht, die sich bewußt darauf einlassen. Um göttliche Unterstützung bittet man hier am besten Lakshmi, die indische Göttin des Wohlergehens und der Schönheit, des Glücks und des Erfolgs. Lakshmi wird auch als die weise, treue Gefährtin von Vishnu dargestellt. Ihre Blumen sind die Lilie und der Lotus.

LIEBESTRANK

Mischen Sie zwei Gläser Apfelsaft mit drei Erdbeeren und drei Himbeeren (die symbolisieren Sie beide, Ihre Einheit und Freude), zwei Orangenscheiben (für die Hingabe), einer Zitronenscheibe (für die Treue), einer Prise Ingwer (für die Energie) und einer Prise Zucker (für süße Empfindungen). Erhitzen Sie diesen Trank auf kleiner Flamme und stellen Sie ihn anschließend kalt.

Teilen Sie den Liebestrank bei nächster Gelegenheit mit »demjenigen, welcher« unter dem Sternenzelt oder bei Kerzenschein. Während Sie einander einen Becher reichen, sagen Sie:

Wie du diesen Becher annimmst,
nimmst du meine Liebe an,
die ich dir aus freien Stücken schenke.

Schauen Sie einander während des Trinkens tief in die Augen und lassen Sie der Natur ihren Lauf.

Heben Sie ein wenig vom Liebestrank in zwei gleichen luftdichten Gefäßen auf (eines für jeden von Ihnen). Tupfen Sie sich ein wenig davon hinter die Ohren oder aufs Handgelenk, wenn Sie voller Zärtlichkeit an Ihren Partner denken, um diese Empfindungen noch zu verstärken. Achten Sie nur darauf, den Saft rechtzeitig wegzuschütten, bevor er verdirbt, denn das wünschen Sie ja auch Ihrer Beziehung nicht!

Gemeinsames Schicksal

Ein alter Zigeunerbrauch besagt, daß zwei Menschen, die ihr Schicksal miteinander teilen wollen, aus demselben Glas trinken und dieses danach zerbrechen sollen, so daß das Versprechen nie rückgängig gemacht werden kann. Sie können diese Tradition aufgreifen, um das oben beschriebene Ritual mit dem Liebestrank noch auszubauen, oder sie in einem beliebigen anderen Augenblick ausprobieren.

Ein guter Zeitpunkt ist die Versöhnung nach einem Streit; die starke Symbolkraft wird dann den Heilungsprozeß beschleunigen. Versprechen Sie sich, konstruktives Verhalten für die Zukunft, indem Sie Passionsfrucht-Saft miteinander teilen. Geben Sie ein wenig von dem Saft (mit etwas Alkohol zur besseren Konservierung) in ein anderes Gefäß, um die Leidenschaft auch symbolisch zu bewahren. Zerbrechen Sie anschließend das Glas, aus dem Sie getrunken haben. Die Scherben legen Sie in ein Schraubdeckelglas. Jeder von Ihnen sollte nun den noch verbliebenen Zorn über den anderen in das Glas hineinflüstern. Schrauben Sie das Glas danach fest zu und vergraben Sie es, um die Vergangenheit hinter sich zu lassen. Von dem übrigen Saft tupfen Sie immer dann ein wenig auf Ihr Herz, wenn Sie das Gefühl haben, daß die Negativität des alten Streits zurückkehrt.

Liebesdecke

Für diesen Zauber benötigen Sie eine große Decke aus weichem, kuscheligem Material. Besorgen Sie sich im Supermarkt oder einem Stoffgeschäft verschiedene Flicken zum Aufbügeln. Aus diesen schneiden Sie nun Herzen oder beliebige andere symbolische Formen aus, die Sie mit positiven, zärtlichen Gefühlen assoziieren. Heben Sie auch den Verschnitt auf.

Nun bügeln Sie nach Anleitung die Formen auf Ihre Decke auf. Der günstigste Zeitpunkt dafür ist der Vollmond. Das Bügeleisen sorgt für warme Empfindungen, der Vollmond verleiht Ihrer Beziehung Reife. Während des Bügelns sollten Sie folgende Sätze sprechen:

Lakshmi,
schau in unsere Herzen.
Erhalte unsere Liebe stark und zugleich sanft,
warm und offen.
Wenn wir unter diese Decke schlüpfen,
sorge für Gemütlichkeit, Zuneigung und Träume voneinander.
So sei es.

Aus dem Verschnitt können Sie zusätzlich noch kleine Symbole ausschneiden und auf Kleidungsstücke aufbügeln, die Sie regelmäßig tragen (Unterwäsche beispielsweise). So können Sie diese besondere Wärme hautnah spüren, wann immer Sie möchten.

ROMANTIK-ERNEUERER

Möchten Sie einer etwas abgekühlten Beziehung neues Feuer geben? Lassen Sie sich von der Göttin dabei helfen. Für dieses Zauberritual sollten Sie sich einen Abend reservieren, an dem Sie beide mit Sicherheit ungestört sein werden. Beginnen Sie mit einem übersinnlichen Mahl aus aphrodisischen Speisen wie Fisch, Süßkartoffeln, roten Beten und Apfel-Mandel-Kuchen. Essen Sie beim Schein von roten Kerzen, die Sie mit Bananenessenz oder Olivenöl bestrichen haben (beides steigert das sexuelle Verlangen).

Danach sollten Sie sich vom Eßtisch an einen bequemeren Ort begeben und einen Magnet zur Hand nehmen. Setzen Sie sich einander gegenüber (vielleicht möchten Sie sich vorher ausziehen) und halten Sie sich die Magneten entgegen. Dabei flüstern Sie dreimal folgenden Zaubervers:

Liebe und Vertrauen,
darauf muß Leidenschaft bauen.
Lust soll bei uns verweilen, unsere Beziehung heilen.
Körper, Herz und Seele sich das Verlangen erwähle.

Während Sie den Spruch wiederholen, bewegen Sie die Magneten langsam aufeinander zu, bis sie sich berühren. Dann lassen

Sie den Dingen ihren Lauf. Sie können beide Ihren Magneten in Zukunft bei sich tragen, um die gegenseitige Anziehungskraft damit zu stärken. Wenn einer von Ihnen Lust auf eine Runde Kuscheln hat, kann er einfach seinen Magneten zum Beispiel an der Kühlschranktür hinterlassen – als kleinen Wink.

Damit das Herdfeuer nicht erlischt

Jeder Wohnraum wird durch die Menschen, die darin wohnen, verändert. Eine gute Möglichkeit, um die Liebe in Ihrem Zuhause symbolisch und magisch am Brennen zu halten, sind Kerzen in Behältern oder Gläsern. Legen Sie sich einen Vorrat davon an und parfümieren Sie jede mit einer Mischung aus Nelken- und Rosenöl.

In der ersten Nacht nach einer Neumondphase zünden Sie mit folgenden Worten die erste Kerze an:

Lakshmi,
diese Kerze repräsentiert unsere Liebe
und den Geist der Verbundenheit in unserem Zuhause.
Solange sie brennt,
laß Treue und innige Liebe in unseren Herzen glühen.

Wenn diese Kerze fast heruntergebrannt ist, ersetzen Sie sie sofort durch eine neue und wiederholen die Beschwörung. Lassen Sie, wenn das ohne Gefahr möglich ist, immer eine solche Kerze brennen – als ständige Erinnerung an die Gegenwart und den Segen der Göttin. Heben Sie das übriggebliebene Wachs der ersten Kerze auf und formen Sie ein kleines Herz daraus. Ritzen Sie den Namen Ihres Partners in das Wachs und tragen Sie es als Fetisch bei sich, der verhindert, daß Ihre Liebe erlischt.

Weitere Zaubertips

Tragen Sie den Lieblingsduft Ihres Partners, um ihn bei sich zu haben, wenn Sie verreisen. Oder parfümieren Sie sich mit dem

Parfum, das er am liebsten an Ihnen mag, um seine Aufmerksamkeit zu erregen. Wenn Sie Steine wie Beryll, Lapislazuli oder rosa Turmalin tragen oder regelmäßig Räucherstäbchen mit Rosen-, Vanille- oder Jasminduft anzünden, erhält das die Schwingungen der Liebe in Ihrem Leben. Vielleicht möchten Sie diese Zauberrituale am Valentinstag, zu Jahrestagen, Geburtstagen oder an sonstwie besonderen Tagen Ihrer Beziehung durchführen. Freitage, der Monat Juni und der Mond in den Fischen begünstigen allesamt Liebe, Hingabe und Romantik.

Lust und Leidenschaft

Nicht jeder von uns hat im Schlafzimmer soviel Ahnung, wie er oder sie gerne möchte. Fast jeder hat schon Momente erlebt, in denen man verlegen ist oder sich einfach dumm vorkommt. In so einem Fall ist Lachen die beste Medizin, denn es löst die Spannung. Ich rate Ihnen, außerdem etwas vom Zauber der Göttin anzuwenden, um Ihre romantischen Abenteuer noch unvergeßlicher zu gestalten.

Zwei lüsterne Damen sind in dieser Form von Magie besonders bewandert: Die eine ist Lilith, verführerische Göttin erotischer Träume und verbotener Genüsse bei den Sumerern und Babyloniern. Die andere ist die ewig lockende Aphrodite – griechische Göttin der körperlichen Liebe.

KULINARISCHES VORSPIEL

Vor einer geplanten leidenschaftlichen Begegnung am Abend sollten Sie beide ein besonderes Mittagessen zu sich nehmen, und zwar ein speziell zubereitetes und verzaubertes Mahl, das Ihr Verlangen weckt. Es könnte zum Beispiel aus gefüllten Eiern, Venusmuscheln, Duftreis, Feigen und Brombeeren bestehen. Legen Sie alle gewählten Speisen auf einen Tisch und breiten Sie Ihre Hände darüber, während Sie folgende Beschwörungsformel sprechen:

Lilith und Aphrodite, mit Eurer Macht,
schenkt uns Lust und Leidenschaft,
Herzensglut und Liebeskraft.
Was wir jetzt essen, mach' uns Appetit auf heute Nacht.

Teilen Sie alle Speisen in zwei Portionen auf. Wenn Sie nicht zusammen essen können, geben Sie Ihrem Partner seine Hälfte als Lunchpaket zusammen mit einer eindeutig zweideutigen Botschaft mit zur Arbeit. Wenn das nicht möglich ist, heben Sie eine Hälfte auf und halten Sie so die leidenschaftliche Energie der Speisen symbolisch für ihn bereit.

MASSIEREN SIE IHRE BOTSCHAFT EIN!

Manchmal dämpft es die Begeisterung, wenn man beim Sex zu forsch vorgeht. Wenn das passiert ist, können Sie versuchen, die Stimmung mit einem magischen Massageöl zu retten. Dazu geben Sie Katzenminze (für die Schönheit), eine Zitronenscheibe (für die Zuneigung), eine Prise Majoran (für das Vergnügen) und eine Vanilleschote (für die Leidenschaft) bei Vollmond in eine Tasse warmes Mandelöl. Visualisieren Sie, wie das Öl von strahlend rotem Licht erfüllt wird, während Sie den folgenden Zauberspruch mehrmals vor sich hin murmeln:

Wiedererwecke das Verlangen,
entzünde das Feuer erneut ohne Bangen.
Durch mein Herz und meine Hände,
verbreite sich Leidenschaft ohne Ende.

Lassen Sie Ihre Stimme wie von selbst anschwellen, bis das ganze Zimmer vor lauter Energie vibriert. Dann wird das Öl in ein luftdichtes Gefäß gefüllt, so daß Sie diese Energie der Lust jederzeit verfügbar haben. Bevor Sie das Öl auftragen, erwärmen Sie es vorsichtig. Außerdem sollten Sie den Zauberspruch (in Gedanken) noch einmal wiederholen, um die Magie freizusetzen, wenn Sie Ihren Partner sanft damit massieren.

Kraft für die ganze Nacht

Sie haben eine heiße Nacht vor sich und wünschen sich auch in den frühen Morgenstunden noch lebhaftes Interesse an Ihrem Partner? Basteln Sie sich zu diesem Zweck einen Ausdauer-Fetisch. Dafür geben Sie zwei Kapern, etwas getrockneten Rettich, Selleriesamen und je eine Prise Petersilie und Ingwer – lauter Pflanzen, die für Energie, Verlangen und sexuelle Leistungsfähigkeit stehen – in ein Kondom ohne Gleitmittel. Das ist außerdem noch ein Symbol für Safer Sex.

Dieses Kondom legen Sie nun drei Stunden lang in die Sonne (für mehr Wachsamkeit) und drei Stunden lang ins Mondlicht (für mehr Romantik). Verzaubert wird der Fetisch mit folgendem Satz:

Große Aphrodite, Göttin der Liebe,
schenk diesem Fetisch Macht,
und mir die Energie und Leidenschaft
für eine ganze lange Nacht!

Das verwendete Kondom ist natürlich nicht mehr zum praktischen Gebrauch geeignet. Bewahren Sie es aber mit den benutzbaren in Ihrer Tasche oder an einem anderen diskreten Ort auf, wenn Sie zu Ihrer Verabredung gehen.

Ein Talisman zum Necken

Dieser kleine Zauber eignet sich ausgezeichnet für ein verspieltes Paar. Besorgen Sie sich dazu ein paar große, weiche Federn, zum Beispiel im Asien-Laden oder Bastelgeschäft. Wenn der Mond im Wassermann steht (und Ihre Abenteuerlust weckt), nehmen Sie die Federn in eine Hand und binden die Kiele mit einem leuchtendroten Satinband von oben nach unten zusammen. Dabei gehen Sie so vor, daß das Band sich mehrmals überkreuzt; an diesen Stellen verknoten Sie es. Während Sie einen Knoten knüpfen, sagen Sie folgenden Spruch:

Vergnügen und Spaß
will ich wecken.
Als Verführung und mit Leidenschaft
sollen diese Federn necken!

Wenn Sie am Ende der Kiele angekommen sind, befestigen Sie die Enden des Bandes gut.

Diesen Talisman sollten Sie immer zur Hand haben, wenn Sie und Ihr Partner es sich gemütlich machen. Kitzeln Sie damit die Aura des anderen und seinen ganzen Körper sanft, um sein Verlangen zu wecken.

Weitere Zaubertips

Ein sanft vor sich hin köchelndes Potpourri mit kraftspendenden Kräutern kann die Stimmung ungemein anheizen. Quarzkristalle im Schlafzimmer halten die physische Energie auf dem optimalen Level. Essen Sie sinnliche Sachen, wie zum Beispiel in Schlagsahne getauchte Erdbeeren, die Sie vorher verzaubert haben, und füttern Sie sich gegenseitig. Tragen Sie aufreizende Wäsche, die Sie vorher mit sinnlichen Aromaölen parfümiert haben.

Zauberrituale für mehr Leidenschaft sollten Sie allein schon wegen der romantischen Atmosphäre auf die Nachtstunden verlegen. Kleine Glücksbringer kann man aber auch im Sonnenlicht mit magischer Energie (dem Element Feuer) laden. Wenn der Mond im Wassermann steht, fördert das die Abenteuerlust und das Verlangen.

Fruchtbarkeits-Fieber

Tickt Ihre biologische Uhr vernehmlich? Haben Sie und Ihr Partner bislang erfolglos versucht, ein Kind zu zeugen? Die Göttin hat, als Mutter der Menschheit, eine Menge Erfahrung mit dem Kinderkriegen. Und natürlich läßt sich Fruchtbarkeit auch auf andere Bereiche übertragen. Die besondere Magie der Göttin kann den letzten Anstoß geben, um der Natur (oder den Sie behandelnden Ärzten) auf die Sprünge zu helfen. Und wenn die natürlichen Methoden nicht funktionieren, kann sie Ihnen bei Adoptionsplänen beistehen und die richtigen Türen für Sie öffnen.

Ich empfehle Ihnen, sich in diesen Angelegenheiten an Kwan Yin, die chinesische Göttin der Fruchtbarkeit, zu wenden. Sie wird auch »die, die Kinder bringt« oder »die, die die Schreie der Welt hört« genannt. Mitgefühl ist bei dieser formidablen Dame gepaart mit eindrucksvollen magischen Fähigkeiten, zudem versteht sie die Sehnsüchte unseres Herzens.

EMPFÄNGNISZAUBER

Bereiten Sie für sich und Ihren Partner jeweils sieben Nüsse, sieben Samenkerne, ein Stückchen grünen Stoff und gelbes Band vor. Bei Ostwind (gut für einen Neuanfang) tragen Sie diese Zutaten nach draußen und legen Nüsse und Samen auf den grünen Stoff (Grün steht für Wachstum). Binden Sie den Stoff mit dem gelben Band (Gelb symbolisiert Ihr kreatives Potential) zusammen und machen Sie sieben Knoten hinein. Bei jedem Knoten sagen Sie diesen Spruch auf:

Kwan Yin, blick in unsere Herzen.
Schenk unsren Körpern Deinen Segen.
Erfüll diese Säckchen mit Fruchtbarkeit.
Für ein Kind ist unsere Liebe bereit.

Tragen Sie diese Glücksbringer so oft wie möglich in der Hosen- oder Brusttasche bei sich. Während Sie sich lieben, legen Sie die Beutelchen am besten links und rechts neben Ihr Bett. Vergessen Sie trotzdem die praktischen Empfehlungen nicht, die die Empfängnis fördern: Gönnen Sie sich viel Ruhe, ernähren Sie sich gesund und haben Sie Spaß miteinander!

EIER-MAGIE

Eier sind ein uraltes Fruchtbarkeitssymbol. Sie können sie nicht nur essen, um so ihre Energie in sich aufzunehmen, sondern sich daraus auch einen wunderbaren Talisman basteln. Blasen Sie ein Ei aus und dekorieren Sie die Schale mit Zeichen, die für Sie Empfängnis symbolisieren.

Schreiben Sie auf einen kleinen Zettel, daß Sie sich ein Baby wünschen, und schieben Sie ihn zusammengerollt in das ausgeblasene Ei. Legen Sie das verzierte Ei drei Nächte lang in das Licht des zunehmenden oder Vollmonds. Danach plazieren Sie es in einer Art Wiege aus weichem Stoff neben Ihrem Bett. Warten Sie bis zum nächsten zunehmenden oder Vollmond oder bis zu Ihren fruchtbaren Tagen; stellen Sie sich dann mit Ihrem Partner vor das Ei und halten Sie beide Ihre rechte Hand darüber. Dabei werden Ihre Körper von der Kraft Ihres Wunsches und der des zunehmenden Mondes erfüllt. Lieben Sie sich danach voller Hoffnung!

ADOPTIONSAMULETT

Ein Adoptionsverfahren kann lang und zermürbend sein. Damit alles glattgeht, sollten Sie sich von diesem Amulett unterstützen lassen. Es schützt Sie gegen unerwartete Hindernisse und umgibt Sie mit willkommener Energie. Suchen Sie all Ihre Unterlagen zum Adoptionsverfahren heraus und besorgen Sie sich drei rosafarbene Kristalle (für zärtliche Liebe). Legen Sie die Kristalle an einem gut sichtbaren Ort in Ihrer Wohnung auf den Stapel mit den Unterlagen. Daneben zünden Sie eine weiße Kerze an, die die Macht der Göttin symbolisiert. Beschwören Sie den Segen für dieses Arrangement mit folgenden Worten:

Göttin, erfüll uns diesen Wunsch.
Wir öffnen unsere Herzen
und unser Heim einer kleinen Seele.
Lenke unser Tun und beschleunige die Dinge.

Sie und Ihr Partner sollten immer einen der drei Kristalle bei sich tragen, um Liebe auszustrahlen und das richtige Kind den Weg zu Ihnen finden zu lassen. Lassen Sie den dritten Kristall auf den Papieren liegen, um die Formalitäten zu beschleunigen. Wiederholen Sie die Beschwörung jedesmal, wenn Sie die Kerze durch eine neue ersetzen.

 Weitere Zaubertips

Benutzen Sie die Figur einer schwangeren Göttin als Fetisch. Wenn Sie je ein Stück Koralle und Jade zusammenbinden, fördert das die Fruchtbarkeit. Auch kleine Wiegen oder andere Dinge, die die Vorbereitungen auf ein Kind symbolisieren, eignen sich als Utensilien für ein Zauberritual.

Was das Timing betrifft, ist der Frühling generell günstig, weil dann auch die Natur die stärksten Fortpflanzungsaktivitäten entwickelt. Montage besitzen besondere Mondenergie (die sich beispielsweise auf den Zyklus der Frau auswirkt). Der April verheißt besonders viel Glück, und wenn der Mond im Sternzeichen Jungfrau steht, steigert das generell die Fruchtbarkeit.

Friedenserhaltende Maßnahmen

Wenn ein Ego gekränkt wurde, wenn Worte falsch angekommen sind, wenn Leute überempfindlich reagieren, können daraus Schwierigkeiten aller Art erwachsen.

Egal, wie gut man es gemeint haben mag – niemand ist perfekt. Bevor Sie also den Mund aufmachen, um eine Sache wieder ins Lot zu bringen, nehmen Sie sich einen Moment Zeit für ein wenig Magie.

Rufen Sie die germanische Göttin Nerthus zu Hilfe, wenn es um einen Waffenstillstand geht. Traditionell durften bei Festen zu ihren Ehren keine Waffen getragen werden, außer sie waren »entschärft« (d. h. in ihre Scheiden gebunden), und jeder öffentliche Streit wurde streng gerügt. Sie kann uns helfen, harsche Worte und unüberlegte Reaktionen zurückzuhalten.

TONIKUM FÜRS TAKTGEFÜHL

Wenn Sie Ihre bösen Worte schon runterschlucken müssen, sollen sie wenigstens gut schmecken. Mischen Sie dazu in eine Tasse schwarzen Tee (zur Beruhigung) einen Viertelteelöffel Kokosaroma (für mehr Zurückhaltung), ein Scheibchen Ingwerwurzel (positive Energie), einen Teelöffel Ananassaft (für Schutz und Harmonie) und einen Schuß Pfirsich-Schnaps (für Wärme und Weisheit).

Rühren Sie diesen Trank im Uhrzeigersinn und mit folgenden Worten um:

Wenn dieser Trank meine Lippen benetzt,
sind Wut und Feindschaft ein Ende gesetzt.
Worte seid sanft, Worte seid deutlich,
helft mir wahr zu sprechen, aber freundlich.

Trinken Sie den Becher zur Hälfte leer, bevor Sie beginnen, über das Problem zu reden. Den Rest heben Sie in einem unzerbrechlichen, transportablen Gefäß auf. Jedesmal, wenn Sie Ihre Kommunikation verbessern wollen, tupfen Sie ein bißchen von diesem Tonikum auf Ihr Hals-Chakra.

VERSÖHNUNGSFEST

Hierbei handelt es sich im Prinzip um ein Mini-Ritual: Jeder, der an einem Streit beteiligt war, bringt an einen neutralen Ort ein Gericht zum Teilen mit, außerdem noch eine weiße Kerze und eine weiße Blume. Die Speisen sollten den Wunsch nach Versöhnung ausdrücken (wie zum Beispiel Milchreis, denn er ist süß und weiß). Verteilen Sie die Kerzen auf dem Tisch und stellen Sie die Blumen in die Mitte.

Vor dem Essen sollte jeder die von ihm mitgebrachte Kerze ausblasen, als Zeichen des guten Willens, zu verzeihen und die Vergangenheit ruhen zu lassen. Während die Beteiligten dies nacheinander tun, singen die anderen folgenden Vers:

Wut und Zorn verschwinden,
Feindseligkeiten weichen,
Frieden wollen wir erreichen.

Danach nimmt jeder der Gäste eine Blume in die Hand und tauscht mit den anderen einen Händedruck oder eine Umarmung aus. Die Blütenblätter der Blumen sollten später getrocknet werden und als Bestandteil von Räucherwerk oder Talismanen, die die Harmonie untereinander fördern, Verwendung finden. Und schließlich ißt man zusammen die mitgebrachten Speisen, um die Magie weiter zu verinnerlichen.

WAFFENSTILLSTAND

Es ist schwer, sich zu versöhnen, wenn man sich vor lauter Geschrei nicht einmal Gehör verschaffen kann. Dieser Talisman soll bei Auseinandersetzungen für kühlere Köpfe und wärmere Herzen sorgen. Sie brauchen dazu ein in zwei Teile geschnittenes Herz aus Papier. Im Licht eines abnehmenden Mondes (der auch die Feindseligkeit verringert) geben Sie eine Mischung aus Heilsalbe und Klebstoff auf ein Stück Papier und kleben die beiden Herzhälften wieder zusammen. Dazu sagen Sie folgenden Spruch auf:

Beruhige den Ärger,
beschwichtige den Zorn,
besänftige, was schmerzt wie im Innern ein Dorn.
Versöhnung ersetze Furcht und Zwist,
zwischen mir und dem, der mir lieb und teuer ist.

Tragen Sie diesen Glücksbringer bei sich, wenn Sie sich das nächste Mal mit jemand treffen, um einen Streit zu begraben. Wenn der Konflikt dann beigelegt ist, wickeln Sie das Herz in ein Stück-

chen Satin und heben es gut auf, damit es weiterhin für Friedfertigkeit sorge.

EIN AKZEPTABLER ABGANG

Manche Auseinandersetzungen schließen eine richtige Versöhnung aus und führen zwangsläufig zur Beendigung der Beziehung. Die meisten Menschen wünschen sich, daß solche Tren-
nungen weniger dramatisch und schmerzvoll wären. Dieses Amulett hilft in zweifacher Hinsicht: Es schützt den, der es trägt, vor
unnötigem Herzschmerz und eröffnet die Möglichkeit einer
friedlichen Trennung.

Sie benötigen für diesen Zauber eine Schere, eine kleine Pup-
pe und eine Schnur, die so lang ist, daß Sie sie zweimal um Ihre
Taille schlingen können. Während einer Neumondphase (die
Zeit, in der vieles endet) legen Sie die Schnur einmal um Ihre
Taille und binden die kleine Puppe an das lose Ende. Wenn mög-
lich befestigen Sie an der Puppe noch irgend etwas, das dem
Menschen gehört, von dem Sie sich lösen wollen.

Halten Sie die Puppe ein Stück von sich weg und sprechen Sie
so zu ihr, wie Sie auch mit der betreffenden Person reden würden. Teilen Sie ihr Ihre wahren Empfindungen mit. Wenn Sie das
Gefühl haben, alles gesagt zu haben, nehmen Sie die Schere und
schneiden die Schnur an Ihrer Taille durch. Dabei murmeln Sie
folgende Beschwörung:

> *Ich befreie dich, ich befreie mich,*
> *ohne Groll und ohne Bedauern.*
> *Unsere Wege haben sich in Frieden vereint,*
> *jetzt trennen sie in Frieden sich.*

Wickeln Sie die Schnur um das Püppchen und nehmen Sie es zu
dem entscheidenden Treffen mit. Danach haben Sie vielleicht
den Wunsch, es zusammen mit wahrscheinlich verbliebenen negativen Gefühlen zu beerdigen.

GENUGTUUNG STATT BLINDEM ZORN

Wenn Ihr Traummann oder Ihre Traumfrau sich als absoluter Fehlgriff herausstellt, sie belügt oder betrügt, ist der Wunsch nach Rache ganz natürlich. Doch alte Verwünschungen wie *»Mögen die Flöhe von tausend Kamelen deine Schamhaare bevölkern«* wirken heute etwas unzeitgemäß. Halten Sie sich statt dessen lieber an dieses Zauberritual, mit dem Sie das Karma der betreffenden Person für sich aktivieren können.

Sie benötigen dafür ein beliebiges Porträt dieses Menschen und einen kleinen Spiegel. Kleben Sie dann das Foto mit dem Gesicht nach unten auf die Spiegelfläche, während Sie sagen:

> *Nerthus, erhör mein Flehen.*
> *Der Schmerz, den _____ mir absichtlich angetan,*
> *komme dreifach auf ihn/sie zurück.*
> *Am eigenen Leib soll er/sie erfahren,*
> *was er/sie mir zugefügt hat.*
> *Laß mein Herz heilen und befrei es von Trauer.*

Das Nette an diesem Zauber ist, daß er nur an Leid zurückgibt, was absichtlich zugefügt wurde, nichts, was aus Versehen geschehen ist. Tragen Sie den Zauberspiegel so lange bei sich, bis Sie spüren, daß der Schmerz dieser schlechten Erfahrung nachläßt. Dann werfen Sie ihn als unnötigen Ballast aus Ihrer Vergangenheit einfach weg.

Weitere Zaubertips

Verwenden Sie weiße Kerzen, weiße Kleidung oder andere weiße Gegenstände, um einen Waffenstillstand anzuzeigen. Kopfsalat mit Oliven und einem Sahne-Dressing sorgt als kulinarischer Zauber für innere Ruhe. Benutzen Sie als magische Utensilien alles, was Sie an Flexibilität erinnert – zum Beispiel Gummibänder.

Der abnehmende Mond läßt auch Wut und Ärger schwinden. Bei Sonnenuntergang gesprochene Beschwörungen helfen, alles

Negative hinter sich zu lassen, während der Sonnenaufgang einen Neubeginn symbolisiert. Dienstags ist Ihr Sinn für Logik geschärft, während sich an Samstagen Lösungen vergleichsweise schneller finden lassen. Der Monat August erzeugt eine Atmosphäre der Eintracht. Wenn der Mond im Widder steht, sollen die Schranken zwischen Menschen besonders leicht zu überwinden sein.

Magie in Ihrer Tasche

Amulette, Glücksbringer, Talismane und Fetische sind der Inbegriff der Taschenmagie. Indem wir wie unsere Ahnen diese Dinge herstellen und bei uns tragen, erwecken wir die Macht der Göttin und nehmen sie mit uns dorthin, wo wir sie am nötigsten brauchen. Manche Leute haben eine Münze oder eine Kappe als Glücksbringer, andere gehen in kein Meeting ohne ihren speziellen Kaffeebecher, einen besonderen Stift oder eine ganz bestimmte Schreibunterlage. Egal, um welche Art Objekt es sich handelt, die Absicht dahinter ist immer dieselbe – mit der Erfüllung des Zaubers mehr Energie und Lebensfreude zu gewinnen.

Gesundheit

Man sagt, es gebe kein höheres Gut als die Gesundheit. Wer sich gesund fühlt, erträgt die sonstigen Turbulenzen des Lebens viel leichter. Und sogar die Magie wirkt besser, wenn sie von jemand betrieben wird, der ganz gesund ist, so daß seine Konzentration und Energie zu hundert Prozent auf das angestrebte Ziel gerichtet sind.

Bitten Sie in dieser Angelegenheit Salus, die römische Göttin der Gesundheit und des Wohlergehens, um Unterstützung. Ihr Festtag war der 1. Januar – vielleicht mit dem Hintergrundgedanken, das Jahr in guter körperlicher Verfassung zu beginnen. Ihre griechische Kollegin ist Hygieia (von ihrem Namen ist das Wort Hygiene abgeleitet).

ROT SEHEN

Weil unser Blut rot ist, glaubten die Menschen der Antike, diese Farbe könnte böse Geister, die Krankheiten (vor allem Erkältungen) hervorrufen, abschrecken. Alles, was man dafür tun muß, ist, einen roten Schal zu tragen. Wenn Sie in einem wechselnden Klima leben, verzaubern Sie ein Halstuch für den Sommer und einen dickeren Schal für den Winter, so daß Sie das ganze Jahr hindurch geschützt sind. Nehmen Sie dazu die Schals bei abnehmendem Mond (er bannt die Macht der Krankheit) in die Hand und sprechen Sie folgende Beschwörung:

Salus, mit einem roten Schal
schütz mich vor aller Krankheitsqual.
Dieser Zauber töte alle Bazillen,
und ich bleib gesund nach deinem Willen!

Tragen Sie regelmäßig einen der beiden Schals, um Krankheiten fernzuhalten.

DAS BLATT WENDEN

Nach einer hübschen viktorianischen Tradition soll man den ganzen Winter über von Erkältungen verschont bleiben, wenn es einem gelingt, im Herbst ein buntes, vom Baum fallendes Blatt aufzufangen, bevor es den Boden berührt. Heben Sie dieses Blatt als Amulett auf, nachdem Sie es durch folgenden Vers mit Zauberkraft geladen haben:

Weil dieses Blatt jetzt bei mir wohnt,
bleib' von Erkältung ich verschont.
Über Schnupfen und Husten muß ich nie klagen,
denn ich werde das Blatt immer bei mir tragen.

Danach konservieren Sie das Blatt, indem Sie es zwischen zwei Lagen Wachspapier bügeln (die gewachste Seite zeigt jeweils auf das Blatt). Die Hitze des Bügeleisens aktiviert den Zauber und verstärkt seine Energie. Tragen Sie das Blatt während der Schnupfen-saison immer bei sich.

KRISTALL-MAGIE

In der Antike besaßen viele Menschen alle Arten von Kristallen, weil sie glaubten, die den Steinen innewohnenden Geister wür-den sie vor Krankheiten schützen. Auf der Basis dieser Idee kön-nen Sie sich Ihr eigenes Gesundheitssäckchen füllen, indem Sie jeweils einen Bernstein, einen Achat, einen Türkis, ein Stückchen Jade und Koralle in einen kleinen Beutel geben. Jeder dieser Steine bannt eine Krankheit, gibt Ihnen Schutz und för-dert körperliches Wohlbefinden. Lassen Sie diesen Talisman im gesundheitsfördernden Sonnenlicht drei (symbolisiert Körper, Geist und Seele) Stunden lang Energie tanken. Jedesmal, wenn Sie sich angeschlagen fühlen oder unter einem Wetterum-schwung leiden, stecken Sie das Säckchen in die Tasche und spre-chen folgende Beschwörung:

Bernstein, fang die Krankheit ein.
Achat, laß meinen Geist frei sein.
Türkis, halt Katastrophen fern.
Jade, schütz meine Gesundheit gern.
Und mit der Koralle obendrein, werd' bald kerngesund ich sein.

Tragen Sie das Beutelchen bei sich, bis Sie sich vollkommen wie-derhergestellt fühlen.

KRÄUTER-KOMPOSITION

Die Mengen für diesen Kräuterzauber sind so bemessen, daß Sie genügend heilende Säckchen daraus herstellen können, um je eines ins Schlafzimmer, in die Küche, ins Auto zu legen und noch eines bei sich tragen zu können. Auf diese Weise sind Sie überall von Wellness-Energie umgeben.

Vermischen Sie je vier Teelöffel Rosmarin, Minze, Fenchel und getrocknete Apfelschale. Sie brauchen außerdem einen Safranfaden (für psychische Gesundheit und mehr Energie) für jedes Säckchen. Schneiden Sie nun aus grünem Stoff vierzehn Quadratzentimeter große Stücke aus. Wenn der Mond das nächste Mal zunimmt (auch das verbessert den Gesundheitszustand), verteilen Sie die Kräutermischung gleichmäßig auf die vier Stoffstücke und binden sie jeweils mit einem weißen Band oder weißer Schnur zusammen. Während dieser Prozedur wiederholen Sie mehrmals folgenden Spruch:

*Eins für den Körper, zwei für die Seele,
drei für den Geist, vier für meine Ganzheit.
Hygieia, stärke diesen einfachen Zauber,
laß diese Glücksbringer mich gesund erhalten.*

Drei der Talismane deponieren Sie an Orten, wo Sie sich häufig aufhalten. Den vierten sollten Sie immer bei sich tragen.

ROSIGE AUSSICHTEN
Wenn Sie unter einem Wetterumschwung leiden, tragen Sie irgendein rosafarbenes Kleidungsstück. Zum Frühstück sollten Sie Pink-Grapefruit-Saft trinken, den Sie vorher mit einer einfachen Beschwörung verzaubern: »*Gesundheit im Überfluß, ich bleibe fit mit Genuß.*« Wenn Sie den Saft trinken, nehmen Sie die Energie dieses Zaubers in sich auf.

Für einen Zauber, den Sie immer bei sich tragen können, beschwören Sie einfach eine Handvoll roter Bohnen auf dieselbe Weise wie den Saft. In Japan gelten diese Hülsenfrüchte als wirkungsvoller Schutz für die Gesundheit.

LACHEN IST DIE BESTE MEDIZIN
Die alten Römer nahmen diesen Grundsatz wirklich ernst und widmeten dem Gelächter einen eigenen Feiertag: Hilaria, am 25. März. An diesem Tag oder etwa um diese Zeit sollten auch Sie sich ein wenig Zeit für pures Vergnügen reservieren. Graben Sie das albernste Foto aus, das es von Ihnen gibt (vielleicht eines, das

man für eine Erpressung verwenden könnte ...). Machen Sie sich falls nötig eine verkleinerte Kopie davon, so daß Sie es in Ihrer Brieftasche bei sich tragen können. Mit folgendem Spruch geben Sie ihm Zauberkraft:

Wenn ich mein Lächeln verloren habe,
entfalte dies Bild seine besondere Gabe.
Gelächter komm schnell, sei freundlich und nett,
so daß trübe Stimmung keine Chance mehr hätt'.

Stecken Sie das Bild in Ihre Brieftasche und schauen Sie es sich jedesmal dann an, wenn Sie sich selbst oder das Leben zu ernst nehmen.

Fest verknotet

Eine sehr verbreitete Form von Amuletten im arabischen Raum besteht aus Knoten, weil diese symbolisch Energie einfangen und binden. Für diesen Glücksbringer benötigen Sie ein Stück grob gewebten Stoff, zum Beispiel Gaze. Legen Sie ihn vier Stunden lang ins Sonnenlicht, damit er gesunde Energie absorbiert. Anschließend machen Sie Knoten an allen vier Ecken, während Sie folgenden Vers dazu sprechen:

Mit Nummer eins beginnt mein Zauber.
Mit Nummer zwei wird meine Stärke erneuert.
Nummer drei schenkt mir Lebenskraft.
Nummer vier schützt meine Gesundheit.

Tragen Sie das Stoffstückchen immer bei sich. Wenn Sie sich angeschlagen fühlen, lösen Sie einen der Knoten, um den Zauber zu aktivieren. Wenn Sie drei der vier Knoten aufgeknüpft haben, erneuern Sie die Macht des Amuletts, indem Sie es wieder in die Sonne legen und danach drei neue Knoten anbringen.

 *Weitere Zaubertips*

Schützen Sie sich mit einem Tupfer gesundheitsfördernden Aromaöls, wie Sandelholz, Rose oder Lotus. Tragen Sie regelmäßig grüne Kleidung oder eine andere Farbe, die Sie mit Wohlbefinden assoziieren. Sprechen Sie vor jeder Mahlzeit ein Dankgebet. Gut ist es auch, ein Henkelkreuz, das ägyptische Symbol des Lebens, oder ein anderes, für Sie persönlich bedeutungsvolles magisches Symbol als Amulett zu tragen.

Ein Talisman, den Sie bei abnehmendem Mond herstellen, bringt Krankheiten zum Verschwinden, ein bei zunehmendem Mond erzeugter sorgt für mehr Gesundheit. Wählen Sie für Ihr Zauberritual einen Sonntag, dann betonen Sie damit die gesunde Sonnenenergie. Nach dem chinesischen Kalender stärkt besonders der Monat Mai die Lebenskraft.

Spaß an der Freud'

Leiden Sie vielleicht gerade am »Alles-egal-Blues«? Haben Sie das Gefühl, daß es vollkommen unerheblich ist, ob oder was Sie tun? Dann hat Sie offenbar der Apathie-Virus erwischt, und Sie brauchen einen magischen Power-Schub. Ihre Ärztin zur Behandlung dieses Falles von Gleichgültigkeit ist die Göttin, und Sie müssen sich nicht einmal einen Termin geben lassen!

Rufen Sie Bastet, die ägyptische Katzengöttin, an, damit Sie wieder Spaß am Leben haben. Von allen Tieren wissen Katzen wohl am besten, wie man Vergnügen findet und sich entspannt. Bastet hat viele Eigenschaften ihres heiligen Haustiers übernommen: Lust, Witz, Verspieltheit, Freundlichkeit und Heiterkeit.

AROMATHERAPIE

Erinnern Sie sich noch an den roten Schal für Ihre Gesundheit? Er kann doppelt wirken und auch Ihre psychische Gesundheit stärken. Tupfen Sie ein wenig Lavendelöl darauf, und zwar ent-

weder bei zunehmendem Mond (für mehr Freude) oder tagsüber (so daß das Tageslicht »dunkle Wolken« vertreibt). Während
Sie den Stoff »aromatisieren«, murmeln Sie folgende Zauber-
formel:

Bastet, sei freundlich, Bastet, sei gut,
nimm mir die Last ab, schenk neuen Mut.
Erneure Freude, Lust und Leichtigkeit,
dann ist mein Geist zum Höhenflug bereit.

Tragen Sie den Schal so oft wie möglich, bis sich Ihre Stimmung
bessert. Passen Sie die Aromen Ihren jeweiligen Bedürfnissen an,
so fördert zum Beispiel Kiefernduft Ihren Wohlstand und Sandelholz Ihre übersinnlichen Fähigkeiten.

HOCH HINAUS

Besorgen Sie sich eine Packung Luftballons. Suchen Sie alle blau-
en Ballons heraus und breiten Sie Ihre Hände mit nach unten
gekehrten Handflächen darüber. Nun sprechen Sie folgende Beschwörungsformel:

Der Blues soll mich nicht kriegen,
wenn diese Ballons durch die Lüfte fliegen.
Heb meine Stimmung höher als hoch,
Bastet, erfüll diesen Wunsch mir doch.

Wann immer Sie sich traurig oder deprimiert fühlen, blasen Sie
einen der blauen Ballons auf, wiederholen die Beschwörung und
lassen ihn im Freien davonfliegen. Damit kein Tier Schaden
nimmt, das den Ballon fressen könnte, heben Sie ihn danach auf
und entsorgen ihn. Symbolisch werfen Sie damit auch Ihre negativen Gefühle weg.

»Blowin' in the Wind«

Die Luft ist ein mächtiges Element für Veränderungen und zugleich etwas, das Sie ständig umgibt – perfekte Voraussetzungen für einen Taschenzauber. Wenn Sie von Melancholie erfüllt sind, warten Sie, bis der Wind aus Süden (sorgt für Reinigung) oder aus Westen (fördert die Heilung) bläst. Nehmen Sie dann einen Streifen blauen Stoffs oder ein blaues Band zur Hand und binden Sie es locker an eine Wäscheleine, einen Busch oder Baum oder an Ihr Balkongeländer. Versehen Sie es noch mit diesem Zauberspruch:

Meine Traurigkeit
und ein schweres Herz laß ich hier.
Wenn der Wind dich befreit,
läßt auch die Melancholie von mir!

Nachdem der Wind den Stoff oder das Band losgerissen hat, dürften Sie sich schon bedeutend besser fühlen.

Wenn Sie für längere Zeit unterwegs sind, sollten Sie immer ein paar Stoffstreifen oder Bänder in Ihrem Zauber-Set dabei haben. Verschiedene Farben nützen bei unterschiedlichen Bedürfnissen; das Verfahren ist jedoch immer dasselbe. Mit einem grünen Band lassen sich beispielsweise Wünsche in finanziellen Angelegenheiten verknüpfen. Den Spruch müssen Sie dann natürlich auch entsprechend ändern, etwa: »*Wenn dieses Band befreit wird sein, trifft Geld auf meinem Konto ein!*«

Das kitzelt!

Wenn Sie ein bißchen kreative Visualisierung mit einer verzauberten Feder kombinieren, wird das Ihre Stimmung rasch heben. Hängen Sie dazu eine große weiße Feder drei Tage lang außen an ein Fenster, an dem der Ostwind (Symbol für Neuanfänge und Hoffnungen) sie erreicht. Danach halten Sie sie in Ihren Händen, während Sie sich vorstellen, daß sie von weißem, reinigendem Licht erfüllt ist. Verzaubern Sie sie mit folgenden Worten:

Bring mich zum Lachen,
Freude sei mein.
In meiner Aura leuchte dein Schein!

Streicheln Sie mit der Feder langsam Ihre Aura von Kopf bis Fuß und kitzeln Sie sich im wahrsten Sinne des Wortes selbst glücklich. Wenn Sie die Feder immer bei sich tragen, können Sie sich jederzeit aufmuntern, falls Sie sich niedergeschlagen fühlen.

Einfach gezaubert

Dieser Glücksbringer soll für positive Stimmung in Ihrem Alltag sorgen. Sie benötigen dazu ein paar kleine Amethyste (die Ihre Friedfertigkeit steigern, bloßliegende Nerven beruhigen und Streß mindern) und ein Gefäß, in dem Sie sie aufbewahren können. Waschen Sie die Steine in Salzwasser, um ihre Energien zu reinigen; danach legen Sie sie für eine Weile in die Sonne (das erzeugt Wärme und Wohlbehagen). Das Gefäß mit den Amethysten sollte ein fester Bestandteil Ihres Zaubersets für unterwegs sein.

Wenn Sie sich entmutigt fühlen, nehmen Sie einen der Steine aus dem Gefäß. Lassen Sie nun all Ihre negativen Gefühle in den Kristall in Ihrer Hand fließen. Übertragen Sie ihm Ihren Schmerz, Ihre Traurigkeit – all den überflüssigen emotionalen Ballast, der Ihr Leben unnötig belastet. Wenn Sie sich davon befreit fühlen, werfen Sie den Amethyst so weit von sich weg wie möglich. Zur Bekräftigung sprechen Sie noch folgende Formel:

Alles Negative fort von mir!
Glück und Segen bleibt alle Zeit hier!

Seien Sie empfänglich für die Glücks-Energie, die zu Ihnen zurückströmen wird. Achten Sie nicht darauf, wo der Stein hingefallen ist. Sie brauchen ihn ja nicht mehr, und die Erde wird sich schon um ihn kümmern.

 *Weitere Zaubertips*

Tragen Sie energiegeladene Düfte wie Apfelblüte, Flieder oder Basilikum – sie erzeugen Freude. Ziehen Sie etwas in Ihrer Lieblingsfarbe oder etwas ganz Verrücktes an, um das Kind in Ihnen zu befreien. Übrigens können Spielzeug und Spiele Streß abbauen und die Kraft der Ausgelassenheit erzeugen.

Vollbringen Sie Ihren Zauber bei Tageslicht oder gleich an einem Sonntag, denn die Sonne ist ein Symbol für Glück und göttlichen Segen. Der April betont die überschäumende Energie des Frühlings noch, während der August inneren Frieden bringt. Wenn der Mond im Wassermann steht, fördert das Genuß und Vergnügen.

Glücks-Kunde

Von Glück kann man nie genug haben, und ein glückliches Geschick erhofft sich wohl jeder. Man bekommt es leider nicht immer. Die folgenden Zaubersprüche und Amulette sollen dafür sorgen, daß in Ihrem Leben häufiger als bisher alles nach Wunsch läuft.

Um Unterstützung wenden Sie sich am besten an Gefun, die nordische Göttin glücklicher Fügungen, deren Name »die Gebende« bedeutet. Eine Alternative zu ihr wären die Moiren der griechischen Mythologie, drei Göttinen, die über das Schicksal bestimmen. Im besonderen ist es Lachesis, die jedem Menschen sein Glück zuteilt.

MIT DEM RECHTEN FUSS AUFSTEHEN

Aus unerfindlichen Gründen sind die Menschen schon immer der Überzeugung, daß es mit der rechten Körperhälfte etwas Besonderes auf sich hat. Und Ihr Körper ist eigentlich das Einzige, was Sie mit Sicherheit immer bei sich haben. Wenn Sie also das Gefühl haben, daß das Pech an Ihren Händen klebt, gehen Sie immer zuerst mit dem rechten Fuß los, wenn Sie sich in Bewegung setzen. Um diesen Zauber noch zu verstärken, geben Sie ein winziges Stückchen Zinn oder Blech in Ihren rechten Schuh und bestreuen beide Schuhe mit Glückspulver (Backpulver, Piment und Muskatnuß). Geben Sie noch je einen Tupfer Granatapfelsaft auf die Seiten Ihrer Schuhe, während Sie folgenden Zauberspruch aufsagen:

Auf all meinen Wegen
Willkommen und Glück,
gutes Geschick, folge mir,
wenn ich nach Hause kehr zurück.

Und vergessen Sie nicht, sich ein bißchen Extra-Glück zu wünschen, wenn Sie den Granatapfel essen!

EINFACH UMDREHEN!

Eine früher sehr beliebte Methode, um Pech zu verscheuchen, war, es symbolisch abzuwenden, indem man Kleider auf links anzog (bei Socken und Unterwäsche geht das recht unproblematisch). Probieren Sie es doch aus, wenn Sie das nächste Mal den Eindruck haben, das Glück sei in Ihrem Leben etwas unterrepräsentiert. Um die Magie noch zu verstärken, vollziehen Sie dieses Ritual beim Licht des ersten Sterns, der am Abendhimmel erscheint (und wünschen sich etwas dabei). Geeignet ist aber auch der zunehmende Mond, bei dem das Glück dann gleich mitwächst. Fügen Sie in jedem Fall eine Beschwörung hinzu, zum Beispiel:

Unglück bleib mir fern, Pech laß nach.
Mit Gefuns Macht soll mein Leben sich ändern.
Mein Schicksal wende sich wie dieser Stoff.
Ab heute sei das Glück auf meiner Seite!

Wenn Sie keine Lust haben, Ihre Kleider linksherum zu tragen, kreuzen Sie statt dessen die Finger und sprechen folgende Formel:

Pech, stehst du am Scheideweg,
nimm die Straße von mir weg!
Glück sei fortan mein Begleiter.

Halten Sie die Finger gekreuzt, bis Sie fühlen, daß die negative Energie sich verflüchtigt hat und sich Besserung abzeichnet. Wenn Sie Ihre Finger nicht so lange entbehren können, kreuzen und binden Sie zwei Dinge zusammen, die Sie bequem mitnehmen können. Wenn die Pechsträhne vorüber ist, lösen Sie die Verbindung.

GEFUNDENES GLÜCK

Wenn man etwas findet, gilt das allgemein als glückliches Zeichen. Deshalb sind gefundene Sachen die perfekten Symbole für einen Glückszauber zum Mitnehmen. Beschwören Sie gefundene Münzen und kratzen Sie damit Rubbellose auf. Mit gefundenen Schlüsseln kann man dem Glück die Tür öffnen. Nadeln sollten Sie magisch aufladen für Gelegenheiten, bei denen Sie Energie für sich selbst brauchen. Alte Nägel helfen bei Magie zu Sicherheitszwecken. Wann immer Sie etwas finden, von dem Sie das Gefühl haben, es für diese Art von Taschenmagie gebrauchen zu können, heben Sie es mit folgenden Worten auf:

Ich seh' ein _____
(Name des gefundenen Objekts), heb' es auf.
Den ganzen Tag bringt es mir Glück.
Und wenn Ärger mir dann droht,
hält das _____ ihn von mir zurück.

Das Wort »Glück« läßt sich natürlich durch einen beliebigen anderen Begriff ersetzen, der Ihren gegenwärtigen Bedürfnissen eher entspricht oder besser zu dem gefundenen Gegenstand paßt.

BOHNEN-BANN

In der östlichen Magie bannen Bohnen Pech und Unglück, während Sonnenblumenkerne das Glück anziehen. Legen Sie also ein paar getrocknete Bohnen in das Licht des abnehmenden Mondes, um eventuell dräuendes Unglück zu verringern. Eine Handvoll Sonnenblumenkerne laden Sie dagegen mit der Energie des Sonnenlichts; das zieht die göttliche Gunst an. Außerdem brauchen Sie noch eine kleine Dose oder ein Säckchen für die Bohnen und Kerne. Nehmen Sie die Samen, bevor Sie sie dort hineinfüllen, in die Hand und sprechen Sie folgende Beschwörungsformel:

Wenn diese Samen in die Erde kommen,
wird das Glück nicht mehr enden
und das Schicksal sich wenden!

Wenn Sie dringend Glück brauchen, pflanzen Sie je eine Bohne und einen Sonnenblumenkern in gute Erde. Füllen Sie Ihr Glücksgefäß bei Bedarf nach und achten Sie darauf, daß immer mindestens ein Samen von jeder Sorte zurückbleibt. So werden Sie Ihr Glück niemals überstrapazieren.

DER SPRUNG ÜBERS FEUER

Im keltischen Volksglauben steht der Sprung über ein Feuer für einen Übergang – von Krankheit zu Gesundheit, von der Ehelosigkeit zur Ehe usw. Dieses Symbol können Sie nutzen, indem Sie eine Kerze in der Farbe, die für Sie Glück bedeutet, dafür benutzen. Betupfen Sie diese mit ein wenig Orangensaft (auch das bringt Glück). Zünden Sie sie an und springen Sie mit folgenden Worten darüber:

Moiren,
Ihr spinnt den Schicksalsfaden,
Nehmt das Unglück fort,
laßt Glück mich haben.

Heben Sie etwas Wachs von dieser Kerze als Glücksbringer auf. Wenn Sie ein Glückssymbol hineinritzen, verstärkt das den Zauber noch. Geeignet dafür ist zum Beispiel die Sonne, weil sie für die Hoffnung steht.

EDELSTEIN-GLÜCK

Traditionelle Glücksbringer sind bestimmte Halbedel- oder Edelsteine. Es ist sogar noch viel verbreitet, einen persönlichen Geburtsstein zu tragen. Da diese Steine jedoch oft ziemlich teuer sind, können Sie sich genauso mit jeweils einem kleinen geflammten Obsidian, einem Onyx und einem kleinen Stück Jade aus dem New-Age- oder Mineralienladen behelfen. Geben Sie die Steine in ein Stoffsäckchen oder einen anderen kleinen Behälter. Dann wiederholen Sie folgende Beschwörung so viele Male, wie es Ihrer persönlichen Glückszahl entspricht.

Obsidian, wirf Unheil zurück.
Onyx, halt mir Probleme vom Leib.
Jade, vermehre mein Glück.
Mit Gefuns Segen folgt es mir auf all meinen Wegen.

Tragen Sie die Steine immer bei sich. Wenn Sie sich vom Pech verfolgt fühlen, werfen Sie entweder den Obsidian oder den Onyx möglichst weit weg. Ersetzen Sie später den Stein und wiederholen Sie dann auch die Beschwörungsformel, um die magische Symmetrie wiederherzustellen.

ZAUBERSÄCKCHEN FÜR GLÜCKLICHE ZUFÄLLE

Außer Steinen trugen unsere Ahnen häufig auch Pflanzenteile als Glücksbringer bei sich – schließlich hatte der Supermarkt der Natur immer geöffnet! Für dieses Zaubersäckchen brauchen Sie ein zehn mal zehn Zentimeter großes Stück Stoff, aus einem Kleidungsstück, das Sie nicht mehr tragen, das aber Ihre persönliche Energie enthält. Füllen Sie das Säckchen mit so vielen Gewürznelken, Haselnüssen, Heidekrautblüten und Ringelblumenblütenblättern, wie es Ihrer Glückszahl entspricht. Legen Sie diesen Talisman eine Weile in die Sonne (die Anzahl der Minuten bemißt sich wieder nach Ihrer Glückszahl). Bekräftigen Sie den Zauber mit folgenden Worten:

Sowie ich dies in die Sonne lege,
sogleich der Zauber darin sich rege.
Pflanzen gestärkt mit magischem Licht,
so erreicht das Unglück mich sicher nicht!

Tragen Sie diesen Talisman möglichst immer bei sich. Wenn sich das Schicksal gegen Sie zu wenden scheint, verstreuen Sie den Inhalt des Beutels gegen den Uhrzeigersinn um sich herum. Dabei wiederholen Sie die Beschwörung, um Negatives auch ganz sicher fernzuhalten. Das Zaubersäckchen füllen Sie später wieder auf.

 Weitere Zaubertips

Wenn Sie sich mit Aromaölen wie Zimt oder Lotus parfümieren, beflügeln deren Schwingungen Ihr Glück. Legen Sie ein Stückchen Petersilie, ein Lorbeerblatt oder das Blatt einer Esche in Ihre Tasche oder Ihre Schuhe. Wer Mohnkuchen oder -brötchen und Orangen ißt, verinnerlicht deren Glücksenergie. Und vergessen Sie das positive Denken nicht, denn düstere Gedanken ziehen das Unglück an.

Vollziehen Sie Zauberrituale bei Sonnenschein, verstärkt das den göttlichen Segen. Ein abnehmender Mond eignet sich besonders zum Bannen von Unglück; bei zunehmendem Mond wächst hingegen auch das Glück. Als Glücksmonat im Kalender gilt der April. Befindet sich der Mond im Sternkreiszeichen Fische, sorgt das für Wunder.

Liebeszauber

Viele Menschen verbringen Jahre mit der Jagd nach Liebe – dem vielleicht am schwersten faßbaren Gefühl überhaupt. Wenn sie sie dann gefunden haben, setzen manche noch mehr Energie daran, sicherzustellen, daß diese Liebe wirklich Ihnen gehört. Die Göttin beobachtet dieses immerwährende Spiel schon lange und kennt die Herzen der Menschen ziemlich genau. Mit ihrer Magie ist sie die perfekte Helferin, um für mehr Liebe in unserem Leben zu sorgen. Dazu gehört übrigens auch die Fähigkeit, sich selbst zu lieben, die vielen Leuten fehlt.

Wenn Sie verloren im Ozean der Menschheit treiben und dringend einen zuverlässigen Anker brauchen, rufen Sie Astarte an, die assyrisch-babylonische Göttin der Liebe, Ehe, Sexualität und – seltsam genug – auch des Krieges. Sie besitzt Kampfgeist, der Ihnen helfen wird, Liebe zu finden und diese dann auch zu bewahren.

KONDOM-CLOU

Heutzutage hat die Suche nach Liebe oft auch mit Safer Sex zu tun. Warum sollte man also die Magie nicht entsprechend modernisieren und Kondome als Zauberzutat benutzen, da Frauen und Männer diese ja auch bequem bei sich tragen können? Legen Sie also eine Packung Kondome drei Stunden lang ins Mondlicht (für mehr Romantik). Danach verzaubern Sie sie mit diesem Spruch:

Astarte, dich bitt' ich um deinen Segen.
Erhör meine Wünsche und meine Worte:
Lust und Liebe auf all meinen Wegen
und dazu noch Weisheit an jedem Orte.

Tragen Sie immer ein oder zwei dieser Kondome in Ihrer Tasche bei sich oder heben Sie sie an einem anderen leicht zugänglichen Ort auf. Achten Sie darauf, Ihren Vorrat immer rechtzeitig aufzustocken, damit Ihr Wunsch auch erfüllbar bleibt.

BEZAUBERNDER PFEFFERMINZATEM

Wünschen Sie sich mehr Geschick bei der Konversation und süßere Worte für ein interessantes Gegenüber? Dann machen Sie doch Pfefferminzbonbons oder -kaugummis zu Zauberutensilien! Minze weckt übrigens Interesse und wirkt erregend.

Laden Sie mehrere Päckchen davon im Südwind (sorgt für Leidenschaft), so daß Sie immer etwas davon parat haben. Wenn Sie möchten, fügen Sie noch eine Beschwörung wie diese hinzu:

Laßt meine Wort süß
und gefällig klingen,
so daß sie ermutigen,
necken und beschwingen!

Stecken Sie die verzauberten Bonbons oder Kaugummis als Talisman für eine bessere Kommunikation in Ihre Tasche.

MAGISCHE LIPPENPFLEGE

Um sich »küssens-« und begehrenswerter zu machen, greifen Sie ganz einfach zu Lippenbalsam. Wählen Sie eine Geschmacksrichtung aus, die zur Liebe paßt – Kirsche zum Beispiel. Halten Sie den Lippenstift ausgestreckt in Ihrer rechten Hand. Das symbolisiert eine Einladung für jemand ganz Bestimmten. Wiederholen Sie die Beschwörung dreimal, während Sie konzentriert an diesen Menschen denken.

Wenn du mich ansiehst,
kannst du nicht verhehlen
deinen Wunsch, mir einen Kuß zu stehlen.

Tragen Sie immer ein bißchen von diesem verzauberten Lippenbalsam auf, bevor Sie Ihrem Schwarm begegnen, wiederholen Sie in Gedanken auch die Beschwörung – und dann heißt es, die Lippen spitzen!

LIEBESKNOTEN

Für diesen Zauber brauchen Sie eine rote Schnur (das Ganze funktioniert natürlich auch mit einer anderen Farbe, wenn Sie diese mit Liebe assoziieren). Machen Sie fünf Knoten (einen für jede Spitze eines Pentagramms) hinein. Beim Knüpfen sollten Sie sich ganz auf Ihren Wunsch, einen Partner zu finden oder Ihre gegenwärtige Beziehung zu verbessern, konzentrieren. Dabei hilft Ihnen folgender Zauberspruch:

Mit diesem roten Faden binde ich
besonderen Liebeszauber für mich.
In jeden Knoten, den ich mache,
leg ich Gefühle als ehrliche Sache.
Wenn ich sie löse, wird ein Feuer entsteh'n,
aus Vertrauen, Lust und Liebe, gar wunderschön.

Heben Sie die Schnur gut auf, so daß Sie einen der Knoten aufmachen können, wann immer Sie das Bedürfnis nach mehr Liebe haben. Lösen Sie jedoch nicht zu viele Knoten zu schnell hintereinander, denn wenn Liebe unkontrolliert lodert, ist sie auch schnell ausgebrannt.

FLIRT-TALISMAN

In der Kennenlernphase kann man sich seines Gegenübers noch nicht so ganz sicher sein. Dieser Talisman hält all jene fern, denen nicht Ihr Bestes am Herzen liegt, und zieht die anderen an. Sie benötigen dafür einen kleinen Tiegel Avocado-Creme (steigert die Attraktivität). Dazu geben Sie einen Tropfen ätherisches Rosenöl (für die Liebe) und einen Tropfen Myrrhenöl (zu Ihrem Schutz). Wenn möglich, fügen Sie das Öl hinzu, wenn der Mond im Zwilling steht, weil das hilft, verschiedenartige Faktoren in Übereinstimmung zu bringen. Rühren Sie die Creme im Uhrzeigersinn um, während Sie folgenden Spruch aufsagen:

Laß innere Schönheit auch außen sehen!
Astarte, hilf mir bei Zweifeln und Ängsten:
Wem ich egal bin, der soll schnell wieder gehen.
Wem ich wichtig bin, der bleibe am längsten.

Diese Zaubercreme sollten Sie immer in der Handtasche haben. Verreiben Sie ein wenig davon in Ihren Handflächen (bevor Sie jemand die Hand geben) oder auf Ihrem Gesicht, kurz bevor Sie jemandem vorgestellt werden.

BLICK IN DEN SPIEGEL

Eines der größten Probleme in Beziehungen ist die Fähigkeit, sich selbst mit den verständnisvollen Augen anderer zu sehen. Unsere schlimmsten Kritiker sind wir meist selbst; wir haben einfach keinen Blick für unsere wahre innere und äußere Schönheit. Dieses Ritual soll Ihr Bewußtsein für Ihre eigenen positiven Eigenschaften schärfen und diese auch den Menschen, denen Sie begegnen oder an denen Ihnen liegt, näherbringen.

Sie brauchen dazu einen Taschenspiegel und vier kleine Katzenaugen (keine echten, sondern Edelsteine!) mit je einer flachen Seite. Begeben Sie sich bei zunehmendem Mond mit diesen Utensilien nachts nach draußen und kleben Sie die vier Steine nach den Himmelsrichtungen ausgerichtet auf den Spiegel. Bei jedem Stein sagen Sie die entsprechende Beschwörung auf:

Osten: Hier beginnt eine neue Einstellung.
Süden: Sieh das Strahlen in meinem Herzen.
Westen: Sieh ehrliche Gefühle,
die mein Herz verströmt.
Norden: Sieh einen Geist voller Schönheit.

Bewahren Sie den Spiegel in greifbarer Nähe auf. Wann immer Ihr Selbstwertgefühl in den Keller rutscht oder das Bild, das andere offenbar von Ihnen haben, Sie verletzt, blicken Sie in den Spiegel und sehen die Wahrheit.

Weitere Zaubertips

Essen Sie täglich aphrodisische Speisen, um die Liebe zu verinnerlichen und willkommen zu heißen. Dazu eignen sich beispielsweise Pfirsiche, Pflaumen, Himbeeren und Tomaten. Tragen Sie mehr rosafarbene oder rote Kleidung und Schmucksteine wie rosa Turmalin oder Rhodochrosit, so daß Sie Liebesenergie ausstrahlen.

Um mehr Liebe in Ihr Leben zu bringen, verlegen Sie Ihre Zauberrituale in die Phase des zunehmenden Mondes oder eine Vollmondnacht. Außerdem zu empfehlen sind Freitage, der Monat Juni und die Konstellation »Mond im Skorpion«.

Gefüllte Taschen

Mit Geld kann man zwar Glück nicht kaufen, aber es macht das Leben unbestritten erträglicher, wenn man gerade mal unglücklich ist! Die im folgenden vorgestellten Utensilien der Taschenmagie sollen deshalb Ihren Wohlstand mehren. Bedenken Sie aber trotzdem, daß sich Reichtum nicht nur in Mark und Pfennig ausdrückt, sondern auch in Lebensfreude, Gesundheit und Seelenfrieden.

Um Wohlstand zu erlangen, wenden Sie sich am besten an die griechische Göttin Tyche, deren Name »Schicksal« bedeutet. Eine gute Alternative dazu ist Erzulie, eine freigebige haitianische Göttin, die den Bedürftigen Reichtum beschert.

DIE SAAT DES ERFOLGES

In vielen alten Zauberriten für Reichtum tauchen Samen auf, weil sie Wachstum und die Versorgung des Landes symbolisieren (beides war früher unabdingbare Voraussetzung für Wohlstand). Sie brauchen für diesen Zauber getrocknete Alfalfasprossen, Kürbiskerne und getrockneten Mais sowie ein Gefäß dafür. Laden Sie die Samen bei Vollmond (für volle Taschen) durch folgende Beschwörung mit magischer Energie:

Was ich säe, soll keimen und gedeih'n.
Diese Samen werden mein Reichtum sein.
Diese Samen sind mein Überfluß.
Tyche, verhilf mir zu diesem Genuß.

Wenn Sie schnell eine kleine Finanzspritze benötigen, nehmen Sie einen Samen von jeder Sorte und streuen ihn aus, als wollten Sie Getreide säen. Achten Sie danach gut auf alle Chancen, die sich Ihnen bieten!

KATZENGOLD

In Mexiko gilt Katzengold (Pyrit) als wirkungsvoller Talisman, um Geld anzuziehen. Wenn Sie die Wirkung selbst testen wollen, legen Sie zwei Stücke Katzengold und eine grüne Kerze auf einen Tisch. In die Kerze haben Sie vorher DM oder die Abkürzung einer anderen Währung geritzt. Zünden Sie nun die Kerze an und sagen Sie folgenden Spruch auf:

Erzulie,
erhöre mein freundliches Drängen:
Befrei mich von allen Zwängen!
Mach mich reich (wenn's geht, sogleich)!

Die Kerze lassen Sie anschließend ganz herunterbrennen. Einer der beiden Steine sollte fortan zu Hause bleiben und dort für göttliche Gnade sorgen. Den anderen tragen Sie bei sich, um mehr Erfolg in finanziellen Angelegenheiten zu haben.

DAS TÄGLICHE BROT

Als wichtigste Nahrung (zumindest in unseren Breitengraden) ist Brot ein starkes Symbol für Wohlstand. Schneiden Sie Brotscheiben nie auseinander, sondern brechen Sie sie nur, damit Sie nicht Ihren Überfluß abschneiden. Nach altem Zigeunerbrauch sollte man immer ein kleines Stückchen Brot in der Tasche haben, als Amulett zum Schutz vor Armut. Um diesen Zauber noch zu verstärken, breiten Sie Ihre Hände über eine Scheibe Brot und sprechen folgenden Satz:

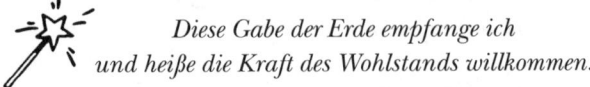

Diese Gabe der Erde empfange ich
und heiße die Kraft des Wohlstands willkommen.

Essen Sie die eine Hälfte des Brots. Die andere Hälfte wickeln Sie in ein Stückchen weißen Stoff oder eine Serviette und stecken sie in Ihre Tasche. Wenn das Brot zu zerbröseln beginnt, geben Sie es im Freien der Natur zurück und machen sich ein neues Amulett. Beim Zerbröseln wird die im Brot enthaltene Energie freigesetzt, und die Vögel, die die Brösel fressen, nehmen Ihre Wünsche mit.

TIERISCHE GLÜCKSBRINGER

Im letzten Jahrhundert hielten noch viele Menschen Bienen für Boten zwischen Himmel und Erde. Man trug häufig Schmuck in Bienenform als Glücksbringer für Geldangelegenheiten (vielleicht mit Bezug auf den sprichwörtlichen Bienenfleiß oder als Gleichsetzung von Honig mit dem »süßen Leben«). Außerdem gab es Pretiosen in Fischgestalt, die Überfluß symbolisierten. Diesen Tierzauber kann man auch heute noch mit Broschen, Krawattennadeln, Ringen und Anhängern praktizieren. Legen Sie dazu ein entsprechendes Schmuckstück so lange ins Sonnenlicht, bis Sie das Gefühl haben, genügend göttlichen Segen eingefangen zu haben. Jedesmal wenn Sie den Schmuck danach anlegen, sagen Sie folgenden Spruch auf:

Mit diesem Schmuckstück soll ab nun
Tyches Zauber Wirkung tun.
Zieh aus, mein Glück, und bringe mir
Geld, wie ich's brauche, jetzt und hier.

Tragen Sie diesen Schmuck, wenn Sie eine kleine Finanzspritze (oder die Gelegenheit dazu) gebrauchen könnten.

PETERSILIEN-PROTEKTION

Deponieren Sie ein Blättchen Petersilie in Ihrem Portemonnaie. Dann wiederholen Sie neunmal den dazugehörigen Zauberspruch:

Es komme mehr rein als heraus.
Erzulies Magie macht das aus.
Das Geld wird bleiben und sich vermehren,
dann brauch' über Mangel ich mich nicht zu beschweren.

Falls möglich sollten Sie diesen Vers (wenn auch nur in Gedanken) wiederholen, sobald Sie Ihre Geldbörse öffnen. Das verhindert unnötige Ausgaben und vermehrt Ihre Einkünfte.

MAGNETISCHE ANZIEHUNGSKRAFT

Besorgen Sie sich einen Magneten und umwickeln Sie diesen mit einem Zehnmarkschein und einem grünen Faden. Bis der Faden fest verknotet ist, sagen Sie folgende Formel auf:

Erzulie, bring mir Geld in bar,
Reichtum werde für mich wahr.

Wenn Sie dieses Päckchen regelmäßig bei sich tragen, übt es eine unwiderstehliche Anziehungskraft auf Geld aus.

DER GELDBAUM

Als ich noch ein Kind war, bastelte meine Mutter mir zum Geburtstag immer einen Geldbaum. Der bestand aus einem kleinen Ast, der in einen Blumentopf gesteckt wurde und an den Münzen und Geldscheine gebunden oder geklebt waren. Sie können sich Ihren eigenen Geldbaum herstellen. Befestigen Sie einfach ein paar Scheine und Münzen an einem Ast, wenn sie mal ein bißchen Geld übrig haben. Während Sie das Geld anbringen, sagen Sie folgenden Zauberspruch:

Was auch geschieht auf dieser Welt,
auf diesem Baum wachse Geld!

Wenn Sie ein bißchen zusätzliches Geld brauchen, pflücken Sie es von Ihrem Baum und geben es entweder aus oder tragen es bei sich, um mehr davon anzuziehen.

 Weitere Zaubertips

Benutzen Sie irgend etwas Silbernes oder Goldenes als magisches Utensil. Verwenden Sie reiche Düfte wie Mandel oder Banane als Aromaöle oder Räucherstäbchen. Unter den Mineralien sagt man Aventurin, Blutstein und Jett die Fähigkeit nach, Geld anzuziehen. Versehen Sie Ihre Scheckkarte, Ihr Scheckbuch und Kreditkarten mit magischem Segen.

Wenn Sie bei Sonnenschein oder an Sonntagen aktiv werden, wird das mehr Gold(glanz) in Ihr Leben bringen. Ein zunehmender oder Vollmond läßt Guthaben wachsen; dasselbe gilt für den Monat Mai und die Konstellation »Mond in der Jungfrau«. Der Mond in der Waage beschert Ihnen Profite, während Donnerstage Glück für alle finanziellen Transaktionen verheißen.

Alles Gute

Wünschen wir uns nicht alle ein Leben, geprägt von Zufriedenheit, Gesundheit, Glück und Reichtum? Und es ist ja auch nichts Verwerfliches daran, für sich selbst und die, die man liebt, das Beste zu wollen. Die Idee hinter der Taschenmagie ist, eine Atmosphäre des Erfolgs zu erzeugen und diese Energie dann immer bei sich zu haben. Der folgende Fetisch ist als Allzweck-Kraftspender gedacht, den Sie mit magischer Energie laden, um diese dann nach Bedarf wieder aus ihm zu ziehen.

EINE ART WUNSCHBRUNNEN

Nehmen Sie eine beliebige große Schüssel und tropfen Sie das Wachs von Kerzen verschiedener Farben auf ihren Boden. Dann kleben Sie eine weiße Kerze auf dieses Wachs. Die Farben stehen für verschiedenartige Bedürfnisse und Ziele; das Weiß verbindet diese Vielfalt harmonisch. Jeden Morgen nach dem Aufstehen zünden Sie die Kerze an und werfen eine Münze in die Schüssel. Dabei äußern Sie Ihren Wunsch des Tages. Vergessen Sie nicht, die Kerze auszublasen, bevor Sie das Haus verlassen!

Wann immer Sie einen dringenden Herzenswunsch haben, nehmen Sie eine Münze aus der Schüssel und »pflanzen« sie in guten Boden oder werfen sie in ein fließendes Gewässer, so daß die Nachricht von Ihrem Wunsch verbreitet wird. Wenn die Schüssel voller Münzen ist, leeren Sie sie bis auf wenige Münzen (die als »Samen« zurückbleiben sollten). Verwenden Sie das Geld für beliebige gute Taten, zum Beispiel für Süßigkeiten, die Sie an die Kinder in der Nachbarschaft verteilen, oder schenken Sie es einem Obdachlosen. Ihre Großzügigkeit wird Ihnen dreifach vergolten werden, und Ihnen den Zauber der irdischen und himmlischen Wohltaten für immer erhalten.

Ein Wort zum Schluß

*M*ein Mann könnte Ihnen aus erster Hand bestätigen, daß ich zu allem immer noch ein paar letzte Kommentare abgeben muß. Mein Schlußgedanke zu diesem Buch läßt sich in drei Worten zusammenfassen: Magie ist überall. Sie ist im Sonnenaufgang, dem Lachen von Kindern, in guter Kunst und sogar in Tieren (den echten, nicht in dem Typen von Ihrem letzten Blind Date). Was jedoch am wichtigsten ist: Die Magie steckt auch in Ihnen. Selbst wenn Sie keine einzige Zauberzutat zur Hand haben, vergessen Sie nicht, daß Sie bereits besitzen, was Sie brauchen, um die Kraft der Göttin aus Ihrem Herzen zu schöpfen – Glaube und Liebe. Also, legen Sie los!

Dank

*M*ein Dank für dieses Buch beginnt zu Hause bei meinem Mann Paul, weil er an meine einzigartige spirituelle Vision geglaubt hat. Dank geht auch an Jenny, die mir half, einen tollen Verleger zu finden, an Caroline, die die Ideen zu diesem Buch geordnet hat, und an Sally, die als vertrauenswürdiger Kurier fungiert hat. Ihr vier seid die Zieheltern dieser Seiten.

Alles Zauberei?

Hokus Pokus, liebe mich

und fünfzig andere Zauberrituale
Von Helen Glisic
dtv 20094

Magie ist, wenn…
man an sie glaubt, die Phantasie spielen läßt, die Kräfte der Natur positiv umsetzt. Unseren Alltag verzaubern Liebeskissen, Talismane, Hochzeits- und Willkommensrituale, aber auch Freundschafts-, Glücks- und Harmonieöle, Wohlfühlbäder und Beschwörungsformeln. Pech und Schwefel sind als Zaubermittel längst passé; die Magier-(innen) von heute arbeiten mit Kerzen, Farben, Symbolen, Kristallen, Ölen und Essenzen. Im Zentrum steht die Liebe, doch auch für Familie und Freundschaft, Gesundheit und Erfolg gibt es den richtigen Zauber.

Wie du deinen Ex-Prinzen in eine Kröte verwandelst und andere Hexensprüche für böse Mädchen

Von Deborah Gray und Athena Starwoman
dtv 20014

Deborah Gray und Athena Starwoman haben mit dieser Sammlung uralter und neuer Hexensprüche das erste interaktive Zauberbuch für das nächste Jahrtausend zusammengestellt. Es enthält ausschließlich Weiße Magie und ist daher nicht nur für böse Mädchen geeignet. Die besten Hexensprüche der bezauberndsten Hexen sind hier versammelt: Hexensprüche für Liebe, Sex, Gesundheit, Schönheit, Geld und Erfolg, Haus und Familie sowie eine glückliche Zukunft. Und sie sind garantiert für den Hausgebrauch.

dtv

Was ist denn nun die schönste Sache der Welt?
Die etwas anderen Kochbücher

Mary Jane Ryan

Ich bin so wild nach Kirschsorbet

Coole Frauen und heiße Rezepte
dtv 36074

»One cannot think well, love well, sleep well, if one has not dined well«, meint Virginia Woolf und spricht damit allen passionierten Köchinnen und Feinschmeckerinnen aus dem Herzen. Sarah Bernhardt liebte eine würzige Bouillabaisse, Sophia Loren verdankt ihre wohlproportionierten Rundungen den Spaghetti, für Josephine Baker war der Abend ohne Champagner gelaufen. Mary Jane Ryan porträtiert berühmte, berüchtigte und unkonventionelle Frauen, die eines gemeinsam haben: eine leidenschaftliche Liebe zum Essen. 105 Rezepte stillen verborgene Leidenschaften und verführen zum Kochen und Genießen.

Cristina Moles Kaupp

Scharfe Sachen

Ein erotisches Kochbuch
dtv 36075

Essen ist sinnlich und Essen macht sinnlich. Das Diner à deux ist eines der wirkungsvollsten Vorspiele, das Nase, Zunge und Gaumen zugleich verwirrt und verwöhnt. Der Genuß, die Begierde und die Kunst der Verführung – Cristina Moles Kaupp bietet ein wahrhaft anregendes Koch- und Lesevergnügen. Sie stellt Aphrodisiaka vor, beschreibt ihre Wirkungen und zeigt, daß es letztendlich egal ist, ob diese Kulinaria nun wirklich stimulieren oder nur der sinnlichen Inszenierung, der raffinierten atmosphärischen Einstimmung dienen. Rund neunzig luststeigernde Rezepte aus aller Herren Länder verführen zum Kochen, Genießen – und Lieben.

Seelenfreund

John O'Donohue

Anam Ċara

Das Buch der keltischen Weisheit
dtv premium 24119

»Das Schönste, was wir überhaupt besitzen, ist
unsere Sehnsucht.«

Es gibt eine Welt, in der die Begebenheiten des täglichen Lebens noch geheimnisvoll und wundersam sind. Berge, Täler, Meer und Himmel sind beseelt und stehen in vertrautem Dialog mit den inneren Landschaften der Seele. Jenseits und Diesseits sind eng miteinander verwoben. Und Freundschaft ist mehr als nur ein Wort. Ungeachtet aller Normen und Konventionen verbindet sie zwei Menschen auf unzertrennliche Weise und bringt einen ›Anam Ċara‹ – nach keltischem Verständnis bedeutet dies »Seelenfreund« – hervor.
Der irische Philosoph John O'Donohue öffnet dem Leser die Augen für die wunderbare Wirklichkeit des Alltags. Auf poetische Weise verbindet er philosophische Erkenntnisse und Inspirationen mit dem spirituellen Erbe der keltischen Welt und eröffnet kunstvoll gewebte Pfade in das innere Reich der Seele.

»…man kann nur wünschen, daß dieses befreiende, tröstende und stärkende Buch für möglichst viele Menschen zum ›Seelenfreund‹ werden möge.«
Die Woche

dtv

Östliche Weisheit für unser westliches Denken

Die heilende Kraft der Gefühle

Gespräche mit dem Dalai Lama über Achtsamkeit, Emotion und Gesundheit
Herausgegeben von Daniel Goleman
dtv premium 24120

Eine einzigartige Ost-West-Begegnung – ein Dialog zwischen Wissenschaft und Weisheit. Daniel Goleman und andere prominente Wissenschaftler im Gespräch mit dem Dalai Lama über die heilende Kraft der Gefühle.

Wer den Bogen beherrscht

Der Buddhismus
Von Karl-Heinz Golzio
dtv 36061

Dieses Buch über den Buddhismus will Wissenslücken schließen und Vorurteile ausräumen. Der Indologe Karl-Heinz Golzio gibt hierzu eine fundierte Einführung in Geschichte und Erscheinungsformen dieser großen, fast zweieinhalb Jahrtausende alten Religion und läßt dabei ein sehr authentisches Bild einer interessanten, uns fremden Welt entstehen.

Mit dem Drachen fliegen

Ruhe und Klarheit durch Buddhismus und Meditation
Von Rob Nairn
dtv 36070

Rob Nairn bietet eine kurze und klar verständliche Einführung in Buddhismus und Meditation. Alle wichtigen Begriffe werden erklärt, und es wird mit drei einfachen, wirkungsvollen Techniken der sogenannten Einsichtsmeditation vertraut gemacht. Für uns westlich geprägte Menschen ein zeitgemäßer Zugang zur spirituellen Welt des Buddhismus und Anregungen, den Alltag besser zu bewältigen.